Tom Urbanek

Der Schrei nach Wohlstand

Raus aus der Mittelmäßigkeit, rein in die finanzielle Unabhängigkeit mit dem Immobilien-Erfolgscode

ForwardVerlag

ForwardVerlag

Der Schrei nach Wohlstand

Raus aus der Mittelmäßigkeit, rein in die finanzielle Unabhängigkeit mit dem Immobilien-Erfolgscode

Imprint der Verlagsgruppe StudyHelp GmbH, Paderborn
www.forwardverlag.de

1. Auflage

Autor: Tom Urbanek

Kontakt: info@forwardverlag.de
Coverdesign: Daniel Hofer, Archetype Design
Gestaltung: @magier
Druck: mediaprint solutions GmbH

ISBN 978-3-98755-130-7

Kapitelübersicht

Dieses Buch ist all jenen gewidmet, die stets an mich
geglaubt und mich auf meinem Weg begleitet haben.
Ich hatte viele Mentoren und Unterstützer,
von denen ich lernen durfte.

Dieses Buch ist auch all jenen gewidmet, die kontinuierlich
an sich arbeiten und mit Disziplin und Ehrgeiz nach
persönlicher Weiterentwicklung und Wohlstand streben.

Für wen ich dieses Buch geschrieben habe

Träumst du von einem selbstbestimmten Leben und einer sorgenfreien Zukunft? Dann ist dieses Buch dein Schlüssel zum Erfolg! Ich zeige dir, wie du mit Immobilien geschickt für deinen Ruhestand vorsorgst und nebenbei Vermögen aufbaust – und das mit nur einer einzigen Wohnung.

Du willst dir ein Nebeneinkommen aufbauen und dein Leben in vollen Zügen genießen? Perfekt! Dieses Buch ist dein Startpunkt. Entdecke zahlreiche Beispiele und Ideen, wie Immobilien dir dabei helfen können, deine Träume zu verwirklichen.

Bist du bereit, den Alltag hinter dir zu lassen und deine finanzielle Freiheit zu erobern? Dann lies dieses Buch nicht nur – setze es um! Ob du Immobilien als sichere Rente, lukrative Kapitalanlage oder zusätzliche Einkommensquelle nutzen willst – hier findest du das Wissen und die Inspiration für deinen Weg in die spannende Welt der Immobilien.

Denn Immobilien sind mehr als nur Ziegel und Beton – sie eröffnen dir unzählige Möglichkeiten, kreativ zu werden und dein Leben zu gestalten. Entdecke diese Welt jetzt – ohne jahrelange Experimente, sondern mit diesem Buch als Abkürzung zu deinem Erfolg!

Viel Spaß beim Lesen!

Dein *Immo Mentor*
Tom Urbanek

0

Ground Zero: Eine Geschichte zweier Freunde

Über Verlierer und Gewinner

Max und Tom waren beste Freunde seit Kindheitstagen. Sie wuchsen im selben Viertel auf, gingen gemeinsam zur Schule, spielten im selben Sportverein, und auch später blieben sie unzertrennlich. Max war von Natur aus ein bodenständiger Typ. Er mochte das Gewohnte, fand Zufriedenheit in einem gesicherten Alltag und dachte selten an die Zukunft. Tom hingegen war abenteuerlustiger. Während Max sich mit den Dingen zufrieden gab, wie sie gerade kamen, liebte Tom es, neue Möglichkeiten zu entdecken und zu überlegen, wie er das Beste aus seinem Leben herausholen konnte.

Nach der Schule starteten beide in solide Karrieren. Max fand eine Anstellung im Büro einer großen Firma und arbeitete sich dort langsam, aber stetig die Karriereleiter hoch. Sein Leben war geordnet: Er verdiente gut, lebte sparsam und legte jeden Monat einen kleinen Teil seines Gehalts beiseite. Ihm genügte die Aussicht, irgendwann eine ordentliche Rente zu bekommen und sein Leben in Ruhe genießen zu können.

Tom dagegen verfolgte einen anderen Weg. Er arbeitete ebenso fleißig, doch er begann früh, sich für das Thema Finanzen und insbesondere für Immobilien zu interessieren. Bereits wenige Jahre nach dem Schulabschluss kam er durch Zufall in eine Gesprächsrunde über Investitionen und finanzielle Unabhängigkeit, um im Alter nicht vom staatlichen System abhängig zu sein. Er hörte von Menschen, die sich durch den Kauf und die Vermietung von Immobilien einen soliden Wohlstand als Lebensgrundlage geschaffen hatten, und das weckte seine Neugier.

„Max, stell dir mal vor, wir könnten später von Mieteinnahmen leben und wären nicht auf unsere Rente angewiesen“, sagte Tom eines Abends, als sie bei einem Bier zusammen saßen. Max lachte nur und winkte ab. „Ach Tom, das ist

nichts für mich. Immobilien? Das ist zu kompliziert, zu viel Risiko. Ein falscher Mieter oder eine kaputte Heizung – und schon ist das ganze Geld beim Teufel. Ich bleibe lieber bei meinem Sparbuch, auf dem ich monatlich etwas zur Seite lege.“

Trotz der Skepsis seines Freundes ließ Tom sich nicht entmutigen. Im Laufe der Jahre kaufte er sich seine erste Wohnung – eine kleine Einzimmerwohnung in einer aufstrebenden Gegend der Stadt. Er investierte Zeit und Mühen, um die Wohnung zu renovieren, denn er hatte eine Vision: Er wollte unabhängig vom staatlichen Rentensystem werden und sich selbst für das Alter absichern. Als er die Wohnung schließlich vermietet hatte und die ersten Mieteinnahmen eintrafen, fühlte er sich bestärkt. Dies war definitiv die richtige Entscheidung gewesen. Damit begann seine Reise als Immobilieninvestor.

Während Max sich mit den Jahren auf seinen sicheren Job verließ und weiterhin regelmäßig Geld auf sein Sparbuch einzahlte, nutzte Tom jede Gelegenheit, sein Wissen über Immobilien zu erweitern. Er las Bücher, besuchte Seminare und Mentorings, sprach mit anderen Investoren und lernte mit jeder Wohnung, die er kaufte, dazu. Es war nicht immer einfach, und er erlebte auch den einen oder anderen Rückschlag. Manchmal musste er Renovierungen durchführen, und manchmal hatte er einen Mieter, der ihm das Leben schwer machte. Doch jedes Mal, wenn ein Problem durch Tipps seines Mentors und aus seinem Netzwerk gelöst wurde, wuchs sein Wissen und seine Erfahrung. So kamen in nur wenigen Jahren fünf tolle Wohnungen in seinen Besitz, die er geschickt vermietete.

Jahre vergingen. Max und Tom lebten beide ein gutes Leben, doch ihre Wege entwickelten sich in unterschiedliche Rich-

tungen. Max hatte keine Gedanken an finanzielle Freiheit verschwendet, während Tom durch seine Mieteinnahmen ein zusätzliches Einkommen hatte, das ihm eine gewisse Gelassenheit gab. Die beiden blieben trotzdem eng befreundet und trafen sich regelmäßig, um ihre Geschichten auszutauschen.

Schließlich erreichten beide das Rentenalter. Max freute sich darauf, endlich die Früchte seiner langen Arbeitsjahre zu genießen. Doch bald merkte er, dass das Leben ohne sein bisheriges Gehalt nicht so sorglos war, wie er sich das vorgestellt hatte. Die Rente reichte gerade mal dafür aus, die alltäglichen Kosten wie Miete, Essen und sein Auto, das er nun selbst bezahlen musste und nicht mehr vom Arbeitgeber gestellt wurde, zu decken. Der Unterschied von seinem letzten Gehalt zur monatlichen Rente machte fast 50 Prozent aus. Seine Ersparnisse schmolzen schneller dahin, als er es sich vorgestellt hatte. Plötzlich erschienen ihm Dinge, die er früher als selbstverständlich erachtet hatte, wie Reisen oder Restaurantbesuche, als purer Luxus. Er begann sich Sorgen zu machen, ob er finanziell über die Runden kommen würde.

Tom hingegen konnte seinen Ruhestand in vollen Zügen genießen. Die Mieteinnahmen aus seinen bis dahin zehn Wohnungen, wovon vier bereits komplett schuldenfrei waren, sorgten dafür, dass er Monat für Monat ein stabiles und zusätzliches Einkommen von einigen tausend Euro hatte. Er musste sich keine Gedanken um die finanzielle Zukunft machen, sondern konnte sich auf das konzentrieren, was ihm wirklich Freude bereitete: Zeit mit der Familie, Reisen und die Verwirklichung langersehnter Träume.

Eines Nachmittags, als sich Max und Tom zum Kaffeetrinken trafen, konnte Max seine Sorgen nicht länger verbergen. Er seufzte tief und sagte: „Tom, ich hätte damals vielleicht auf *dich hören und auch eine kleine Wohnung kaufen sollen. Ich dachte immer, das wäre zu riskant und kompliziert. Aber jetzt sehe ich, dass du alles richtig gemacht hast."*

Tom legte ihm tröstend eine Hand auf die Schulter. „Weißt du, Max", sagte er. „Es ist nie zu spät, etwas zu lernen und umzudenken. Es ging mir auch nicht darum, schnell reich zu werden oder ein Risiko einzugehen. Ich wollte nur sicherstellen, dass ich im Alter Spielraum habe und mir Dinge leisten kann, ohne jeden Cent zweimal umzudrehen." Dann zog Tom ein Buch aus seiner Tasche und reichte es Max. „Ich habe alles, was ich über Immobilieninvestitionen gelernt habe, in dieses Buch geschrieben. Ich nenne es „Der Schrei nach Wohlstand". Vielleicht hilft es dir und möglicherweise auch anderen, die sich fragen, wie sie ihre Zukunft selbst gestalten können."

Warum dieses Buch?

Die Geschichte der beiden Freunde Tom und Max soll als Inspiration dienen: Sie zeigt, dass es manchmal relativ kleine Entscheidungen sind, die auf lange Sicht den größten Unterschied machen. Immobilieninvestments mögen zunächst komplex erscheinen, doch sie bieten eine solide Möglichkeit, finanzielle Sicherheit für die Zukunft aufzubauen und sind bei näherer Betrachtung, meiner Meinung nach, die Veranlagungsart mit dem größten Potenzial und geringstem Risiko.

Immobilien sind mit ein wenig Weiterbildung sogar sehr einfach zu handhaben und machen darüber hinaus enorm viel Spaß. Toms Geschichte ist ein Beispiel dafür, wie Schritt für Schritt ein Fundament geschaffen werden kann – ein Fundament, das letztlich nicht nur Freiheit, sondern auch Unabhängigkeit und Freiheit im Alter ermöglicht.

Nun noch ein paar Hinweise zum Buch: Das Buch beginnt mit meinem persönlichen Weg zum Immobilieninvestor. Anschließend gebe ich dir einen kleinen Überblick über die Immobilienbranche und verschiedene Geschäftsmodelle. In weiterer Folge werde ich wichtige Dinge wie das richtige Mindset, gute und schlechte Schulden, Ziele, Standortwahl, Kalkulation und vieles mehr durchgehen und Schritt für Schritt den Kauf deiner ersten Immobilie planen. Danach sehen wir uns gemeinsam den Kaufvorgang, die Mietersuche, den laufenden Betrieb sowie steuerliche Themen an und besprechen, wo du mit Gleichgesinnten in Kontakt treten kannst.

Die beiden Freunde Tom und Max werden dich durch dieses Buch begleiten und dir immer wieder eine kleine Geschichte aus dem Leben erzählen, die zum jeweiligen Kapitel passt.

Wie du vielleicht weißt, bin ich Österreicher – deshalb ziehe ich an einigen Stellen im Buch Vergleiche zwischen dem deutschen und dem österreichischen Immobilienmarkt. Diese gelegentlichen Vergleiche werden dir zusätzliche Einblicke in die Immobilienwelt bieten.

Du bist noch nicht vertraut mit der Welt der Immobilien? Einige Begriffe aus der Immobilienbranche sind anfangs vielleicht noch ungewohnt. In einem **Glossar** am Ende des Buches erkläre ich dir die wichtigsten Fachbegriffe ausführlich, damit du dich leichter zurechtfindest.

Fühle dich nicht gezwungen, das Buch von Anfang bis Ende zu lesen, sondern springe gerne direkt zu den Themen, die dich am meisten interessieren. Aber meine Empfehlung ist, dir das Buch der Reihe nach durchzulesen, da die Kapitel teilweise aufeinander aufbauen.

Und eines noch: Manche Inhalte werden sich wiederholen. Dies ist gewollt, denn dieses Basis-Wissen kann man nicht oft genug wiederholen. Auch ich lese nach wie vor immer wieder Einsteiger-Werke von anderen Buchautoren, um die Grundlagen fest im Griff zu behalten und kontinuierlich zu verinnerlichen.

Viel Spaß!

Wenn du dich mit anderen Immobilien-Enthusiasten und Gleichgesinnten austauschen möchtest, tritt meiner kostenfreien

Immo Mentor Community

bei.

Community:

Für noch mehr Tipps und Tricks, höre gerne in meinen

Immo Mentor Podcast

rein.

Podcast:

1

Meine Immo-Story

Wie alles begann

Warum man in Immobilien investieren sollte

Um die Frage nach dem *Warum?* zu beantworten, möchte ich kurz meine eigene Geschichte erzählen. Eines vorweg: Immobilien sind eine hervorragende und, wenn man sich entsprechend damit beschäftigt, sichere Möglichkeit, Vermögen aufzubauen und für den Ruhestand vorzusorgen.

Viele wohlhabende Menschen haben durch Immobilien ihren Reichtum vermehrt. Ich weiß von kaum einem erfolgreichen Menschen, der keine Immobilien in seinem Portfolio hat. Denn mit den richtigen Investments führt der Weg fast zwangsläufig zu Wohlstand.

Nun aber zu meiner persönlichen Story: Während meiner frühen Musikkarriere als Schlagzeuger in über vierzig Bands kam ich mit sechzehn Jahren, noch während meiner Schulzeit an der Handelsakademie, zur Selbstständigkeit.

Was als Konzerte für die eigene Band begann, entwickelte sich schnell zu einer Eventagentur und führte zu weiteren Unternehmen, in denen ich heute als Investor, Business Angel und Mentor aktiv bin. Dazu zählen die Firma *TAURUS Sicherheitstechnik* in Österreich und Deutschland, der *Immo Invest Club Austria (IIC)*, das Unternehmen *Founders Of Europe*, bei dem wir in Start-ups investieren. Dazu fünf Immobilienunternehmen sowie weitere Start-ups und andere kleine und mittlere Unternehmen (KMUs).

Mit mehr als 18 Jahren Erfahrung in der Selbstständigkeit und im Unternehmertum sowie tausenden Stunden Weiterbildung gebe ich mein Wissen gerne weiter, um anderen zu helfen, meine Fehler zu vermeiden und ihren Weg schneller und produktiver zu gehen.

Aber was hat das mit Immobilien zu tun?

Wer mich kennt, weiß, dass ich ein großer Verfechter von Weiterbildung und lebenslangem Lernen bin. Ich bin überzeugt, dass unser Bildungssystem eine grundlegende Reform braucht. Junge Menschen sollten möglichst frühzeitig mit Themen wie Geld, Steuern, Finanzanlagen und der Funktionsweise des Geldsystems, insbesondere Immobilien, in Berührung kommen. Nur so können junge Menschen für sich entscheiden, ob das etwas für sie ist.

Der frühe Einblick in unterschiedliche Themen ist entscheidend, um Zusammenhänge zu verstehen und in Systemen denken zu lernen. Einer der essenziellen Punkte, vor allem auf das Thema Immobilien bezogen, ist zum Beispiel der Unterschied zwischen guten und schlechten Schulden. Diesen Unterschied erkläre ich dir ausführlich in Kapitel 3 *Schulden, die dich reich machen*.

Wie bin ich nun mit Investmentmöglichkeiten wie Immobilien in Kontakt gekommen?

Leider nicht während meiner Schulzeit in der Handelsakademie, obwohl ich hier grundsätzlich eine gute wirtschaftliche Ausbildung genossen habe, und leider auch nicht an der Wirtschaftsuniversität. Lustigerweise bin ich das erste Mal als Schlagzeuger mit den Möglichkeiten des Investments in Berührung gekommen. Kurz nach meinem 18. Geburtstag reiste ich im Jahr 2009 zu einem in Hollywood lebenden österreichischen Schlagzeug-Guru. Ihm habe ich rückblickend sehr viel zu verdanken. Ich habe dort fünf Wochen lang mit ihm täglich an meiner Schlagzeug-Technik gefeilt und extrem viel gelernt – insbesondere auch über das Finanzsystem und darüber, wie Geld, Aktien, Fonds und eben auch Immobilien wirklich funktionieren.

Damit war er mein erster Mentor. Er selbst war mit 18 Jahren mit einem One-Way-Ticket als Schlagzeuger nach Los

Angeles ausgewandert. Beim Lesen von unzähligen Biografien hatte er damals rasch erkannt, dass die meisten erfolgreichen Menschen ihr Vermögen, neben ihrer „operativen Tätigkeit", also ihrem Job, eigentlich mit Immobilien verdient haben. So zum Beispiel Arnold Schwarzenegger, der Terminator, den natürlich jeder von uns kennt. Er war zuerst Immobilien-Millionär, bevor er erfolgreicher Schauspieler wurde. Und wenn man Unternehmen betrachtet, ist es ähnlich. *McDonald's* beispielsweise verdient mehr Geld mit Immobilien als mit Burgern.

Die erste Immobilie ist für den Vermögensaufbau die wichtigste. Deswegen ergibt es durchaus Sinn, so früh wie möglich mit Immobilien zu beginnen. Das ist der Grund, warum einer der bekanntesten Investoren aller Zeiten, Warren Buffet, so viel Geld angehäuft hat: Die Zeit hat für ihn gearbeitet! Denn obwohl der heute 94-Jährige bereits seit seinem zehnten Lebensjahr investiert, hat er 98 Prozent seines Vermögens nach seinem 65. Lebensjahr verdient. Man sieht also deutlich an diesem lebhaften Beispiel – langfristiges Veranlagen macht sich bezahlt.

Das ist ein ganz wichtiges Learning, auch für Immobilien: *Die Zeit heilt (fast) alle Wunden!*

2

Das Wunder der Immobilie

Warum überhaupt Immobilien?

An einem sonnigen Samstagnachmittag saßen Max und Tom in ihrem Lieblingscafé.

Max legte Toms Buch „Der Schrei nach Wohlstand" auf den Tisch und sagte: „Tom, ich habe schon damit angefangen, dein Buch zu lesen. Bereits die Einleitung und deine Geschichte noch einmal so schwarz auf weiß zu lesen, hat mir viele neue Perspektiven eröffnet, aber ich habe eine große Frage: Du schreibst viel über die Vorteile von Immobilien als Investition. Was macht Immobilien denn eigentlich so besonders?"

Tom lehnte sich zurück und erklärte: „Wie du im nächsten Kapitel lernen wirst, liefern Immobilien mehrere Vorteile zugleich. Sie bieten den größtmöglichen Werterhalt zusammen mit einer zusätzlichen Wertsteigerung und eignen sich damit perfekt als Altersvorsorge. Durch Mieteinnahmen kannst du ein zusätzliches Einkommen generieren, das deine Rente aufbessert oder sogar ersetzt. Zudem schützen Immobilien vor Inflation, da sowohl Mieten als auch der Wert der Immobilie selbst mit der Inflation steigen."

Max nickte nachdenklich. „Aber was ist mit den Einstiegskosten und dem Verwaltungsaufwand? Ich habe gehört, dass Immobilien teuer in der Anschaffung sind und viel Zeit für die Verwaltung benötigt wird."

Tom antwortete: „Es gibt gewisse Einstiegskosten, aber mit dem richtigen Wissen und mit cleveren Finanzierungsstrategien ist der Einstieg einfach und du brauchst kein großes Vermögen, um mit Immobilien zu beginnen. Es gibt sogar einige interessante Strategien, wie du selbst ohne Startkapital beginnen kannst. Was den Verwaltungsaufwand betrifft: Mit der richtigen Planung und eventuell der Unterstützung durch einen professionellen Verwalter lässt sich der Aufwand minimieren und hält sich dadurch wirklich in Grenzen.

Außerdem gibt es steuerliche Vorteile und sogar Förderungen, die die Investition noch attraktiver machen."

Max sah Tom aufgeregt an und sagte: „Das klingt ja alles super spannend. Vielleicht sollte ich mich wirklich näher damit beschäftigen und gleich das nächste Kapitel in deinem Buch lesen."

Warum Immobilien?

Hier sind meiner Ansicht nach die zehn wichtigsten Gründe für Investitionen in Immobilien.

Grund Nummer 1 - Werterhalt: Immobilien sind extrem wertbeständig

Immobilien zählen zu den physischen Vermögenswerten. Du kannst sie anfassen, und kein Börsencrash oder wirtschaftlicher Rückschlag kann sie dir wegnehmen. Solange in Mitteleuropa, etwa in Deutschland und Österreich, keine extremen Kriegszustände oder Naturkatastrophen wie Unwetter, Murenabgänge oder Überschwemmungen auftreten und du nicht in besonders gefährdete Lagen investierst, bleibt eine Immobilie ein stabiler und nachhaltiger Vermögenswert. Es gibt Häuser, die hunderte Jahre alt und gerade wegen ihrer alten Bauweise besonders widerstandsfähig sind. Auch ich besitze Immobilien, die über 100 Jahre alt sind und mich wahrscheinlich ebenfalls überleben werden.

Grund Nummer 2 – Perfekte Altersvorsorge

Besonders in Zeiten, in denen Renten immer weiter gekürzt werden, ist eine sichere Altersvorsorge wichtiger denn je. Erst im Jahr 2024 gab es erneut eine alarmierende Nachricht der Deutschen Rentenversicherung: Es fehlen 600 Millionen Euro, weshalb die Renten weiter gekürzt werden müssen. Wie lange kann das noch gut gehen? Willst du dich wirklich auf ein System verlassen, das dir als motivierter und tüchtiger Bürger mit hoher Wahrscheinlichkeit mehr Geld abnimmt, als es dir zurückgibt?

Immobilien sind ideal für die Altersvorsorge. Hier sind drei einfache Gründe dafür:

Erstens: Wenn du eine oder mehrere Wohnungen besitzt, kannst du im Alter darin wohnen, ohne hohe Mieten zahlen zu müssen. Ist die Wohnung abbezahlt, fallen nur noch Betriebskosten (Hausgeld) und Energiekosten an – die Miete entfällt. Das spart nicht nur Geld, sondern gibt vielen Menschen ein großes Sicherheitsgefühl.

Zweitens: Du kannst deine Wohnung vermieten und dir so ein zusätzliches Einkommen sichern. Hast du mehrere Immobilien, kannst du eine selbst bewohnen und die anderen vermieten. Damit lässt sich nicht nur die Rente aufbessern, sondern du könntest sogar ausschließlich davon leben.

Drittens: Wenn deine Immobilie abbezahlt ist, kannst du sie verkaufen und eine stattliche Summe erhalten. Durch die Inflation wird der Wert deiner Immobilien im Laufe der Jahre steigen. Hast du in 20, 30 oder 40 Jahren mehrere abbezahlte Wohnungen, wird sich dein Vermögen vervielfachen. Damit lässt sich der Ruhestand definitiv entspannter gestalten, oder was denkst du?

Grund Nummer 3 – Laufende Einnahmen

Deine Immobilie steht nicht nur so in der Gegend herum, sie arbeitet sogar aktiv für dich! Durch die Mieteinnahmen tilgt der Mieter nämlich sogar deine Schulden. Im Idealfall decken die Mieteinnahmen die monatlichen Raten für die Bank und die Betriebskosten, sodass du sogar einen Überschuss erwirtschaftest! Außerdem wird Wohnraum immer benötigt. Bei einem Investment in guter Lage findest du immer schnell einen Mieter.

Grund Nummer 4 – Inflationsschutz

Inflation bedeutet eine laufende Entwertung des Geldes. Liegt dein Geld einfach auf einem Girokonto, verliert es durch die Inflation an Wert. Stell dir vor, du hast vor zehn Jahren 100 € gespart – damals konntest du dafür viel mehr kaufen als heute.

Eine Immobilie schützt dich vor der Inflation und ihren Folgen. Genauso wie die Inflation einen Geldwert frisst, steigen durch die Inflation auch die Mieten, die du für deine Wohnung(en) verlangen kannst. Somit schützt du dich durch die Indexierung im Mietvertrag gegen die Inflation. Die steigenden Mieten erhöhen deine Rendite im Laufe der Zeit, da dein Einkaufspreis gleich bleibt, die Miete jedoch mit der Inflation steigt.

Besonders in den Jahren 2022 und 2023, als die Inflation hoch war, haben wir das alle deutlich gespürt – war es durch Mieterhöhungen oder steigende Supermarktpreise. Wenn das passiert, kannst du auch deine Mieten anpassen und so deine Mieteinnahmen erhöhen.

Grund Nummer 5 – Legal Steuern sparen

Ein weiterer Vorteil von Immobilien sind die enormen steuerlichen Vergünstigungen. Du kannst die Zinsen für dein Immobiliendarlehen von der Steuer absetzen, zwar nicht den gesamten Kapitaldienst, aber sehr wohl den Zinsanteil der monatlichen Rückzahlung. Mitunter kannst du es sogar schaffen, so gut wie keine Steuern auf deine Mieteinnahmen zu zahlen oder Geld vom Finanzamt zurückzubekommen! Das ist wirklich ein großartiger Vorteil gegenüber anderen Investments, oder?

Besonders in den ersten Jahren einer Immobilieninvestition zahlst du aufgrund hoher Abschreibungen meist keine Steuern auf dein Einkommen. In Österreich kannst du im ersten Jahr die dreifache und im zweiten Jahr die zweifache Abschreibung des Gebäudewerts vornehmen. Während der gesamten Laufzeit deiner Immobilieninvestition hast du die Möglichkeit, deine Steuerlast erheblich zu senken. In der Regel zahlst du deinen persönlichen Einkommensteuersatz, aber durch geschickte Gestaltung zahlst du nur einen reduzierten Satz von 15 Prozent oder bekommst sogar Geld vom Staat zurück.

Ich weiß, das klingt jetzt sehr kompliziert, aber ich möchte dir hier nur einen kleinen Einblick in die vielen steuerlichen Gestaltungsmöglichkeiten geben, die Immobilien bieten. Wir werden diese Themen in Kapitel 17 *Die Steuern* noch viel detaillierter behandeln.

Grund Nummer 6 – Förderungen

Warum nicht den Staat für Sanierungen, Instandhaltungen und andere Investitionen in deine Immobilie bezahlen lassen? Du kannst Förderungen oder günstige Kredite für energetische Sanierungen und Verbesserungen nutzen, die den Wert deiner Immobilie erheblich steigern.

Besonders für Maßnahmen wie neue Fenster, Gebäudedämmung oder eine moderne Heizung gibt es attraktive Förderungen. Die Welt der Immobilien bietet so viele kreative Möglichkeiten – und mit den richtigen Förderungen wird das Ganze nicht nur wirtschaftlich sinnvoll, sondern macht auch richtig Spaß.

Grund Nummer 7 – Vermögensaufbau

Stell dir vor, du bezahlst jeden Monat deine Kreditrate und füllst damit nicht nur die Taschen der Bank, sondern auch deine eigene! Wie das geht? Ganz einfach: Die Rate besteht aus Zinsen und Tilgung. Die Zinsen gehen an die Bank, klar. Aber die Tilgung? Das ist der Teil der Kredits, den du jeden Monat abbezahlst – und damit dein Vermögen Stück für Stück aufbaust. Du zahlst also quasi in deine eigene Tasche. Das Beste: Es passiert ganz automatisch mit jeder Rate. Damit sind Immobilien eigentlich fast zu gut, um wahr zu sein!

Grund Nummer 8 – Attraktive Finanzierungen

Vielleicht denkst du jetzt: „Aber Tom, was redest du da? Finanzierungen sind gerade extrem teuer, die Zinsen sind stark gestiegen!"

Das stimmt, besonders für die Jahre 2022 bis 2024, in denen die Zinsen im Vergleich zu den niedrigen ein Prozent von 2021 stark angestiegen sind – vor allem in so kurzer Zeit. Wenn wir uns jedoch den historischen Verlauf der Zinsen anschauen, sind vier bis fünf Prozent immer noch keine außergewöhnlich hohen Werte. Aktuell, im Februar 2025, sinken die Zinsen bereits wieder leicht, und wir nähern uns der Drei-Prozent-Marke des Leitzinses. Es besteht also die Hoffnung, dass wir 2025 sogar noch weiter in den Bereich unter drei Prozent rutschen werden. Trotz der Zinserhöhungen bleibt die Finanzierung von Immobilien langfristig eine unfassbar attraktive Möglichkeit des Vermögensaufbaus durch den Fremdkapitalhebel.

Jetzt haben wir schon viel von Zinsen gesprochen. Die Höhe der Zinsen ist ein wichtiger Indikator, aber lange nicht der wichtigste und schon gar nicht der Einzige. Es gibt noch viele andere entscheidende Faktoren bei der Finanzierung: die Laufzeit, tilgungsfreie Zeiten, eventuell ein endfälliger Anteil, die Finanzierungsstruktur und das Finanzierungsvehikel selbst – um nur einige zu nennen. Fakt ist: Du kannst Immobilien auch weiterhin sehr gut finanzieren und den Leverage-Effekt (Hebeleffekt) für dich nutzen.

Ach, und hast du schon gewusst? Du bekommst tatsächlich steuerfreies Geld von der Bank. Klingt unglaublich, oder? Mehr zu diesem Wunder der Immobilieninvestments gibt es unter Grund Nummer 9 und in Kapitel 13 *Die Finanzierung*.

Grund Nummer 9 – Leverage-Effekt (Hebeleffekt)

Einer der Hauptgründe, warum ich persönlich in Immobilien investiere und den Großteil meines Vermögens in Immobilien angelegt habe, ist der Leverage-Effekt auch Hebeleffekt genannt. Der Hebeleffekt besitzt das größte Potenzial, das es gibt: Fremdkapital.

Was bedeutet das?

Fremdkapital ist schlichtweg nicht dein eigenes Geld, sondern das Geld von anderen, zum Beispiel von Banken, aber auch von Familie oder Freunden, die dir Geld leihen und dafür eine Verzinsung erhalten. In der Regel nutzen wir jedoch Bankkredite, da diese durch die Immobilie abgesichert sind und damit als risikoärmer gelten.

Meiner Meinung nach sind Immobilien das Investment mit dem besten Risiko-Rendite-Verhältnis, denn du setzt relativ wenig eigenes Kapital ein, bekommst dafür aber viel zurück. Der Hebeleffekt entsteht dadurch, dass du nur einen kleinen Teil deines eigenen Geldes investierst und den Großteil mit

Fremdkapital finanzierst. Damit hebelst du deinen eigenen Geldeinsatz, und das Ganze ist durch die Immobilie selbst als Sicherheit solide abgesichert.

Grund Nummer 10 – Ansehen und Bonität

Ein oft übersehener, aber sehr spannender Vorteil von Immobilieninvestitionen ist, dass sie nicht nur dein Ansehen in der Gesellschaft steigern, sondern vor allem auch deine Bonität verbessern.

Was bedeutet das genau? Die Bonität ist deine Kreditwürdigkeit, also die Fähigkeit, von Banken und anderen Finanzinstituten einen Kredit zu erhalten. Wenn du über die Jahre hinweg eine Immobilie abbezahlst und der Wert dieser Immobilie steigt, profitierst du von einem sogenannten „Spread“ – dem Unterschied zwischen dem offenen Kreditbetrag und dem nun höheren Marktwert der Immobilie. Dieser Wertzuwachs ermöglicht es dir beispielsweise, eine Nachbeleihung vorzunehmen.

Das bedeutet, du kannst deine Immobilie erneut verpfänden und das freigewordene Kapital für weitere Investments oder Projekte nutzen. So eröffnen sich dir nach einigen Jahren der Immobilienbesitz- und Finanzierung viele neue Möglichkeiten, die du strategisch einsetzen kannst. Langfristig wird dir dieses Potenzial helfen, deine finanziellen Ziele schneller zu erreichen und mehr Freiheit bei weiteren Investitionen zu gewinnen.

So! Jetzt sind die versprochenen zehn Gründe, warum auch du in Immobilien investieren solltest, raus. Hier noch drei Boni, die Immobilieninvestments mit sich bringen:

Bonus # 1 – Sozialversicherung

Das ist besonders spannend, wenn du später mal von deinen Mieteinnahmen auch privat leben möchtest. Im Privatbereich sind Mieteinnahmen nämlich sozialversicherungsfrei. Cool, oder?

Bonus # 2 – Vermögensweitergabe

Die Vermögensweitergabe, also das Vererben an die nächste Generation, funktioniert mit Immobilien, vor allem im Sinne des Werterhalts und der Wertsteigerung, wunderbar. Man könnte aber auch die Immobilie verkaufen und das Geld aus dem Verkauf vererben. Je nach Land musst du in diesem Fall aber auf die Erbschaftssteuer achten. Am besten lässt du dich dazu von einem, auf Immobilien spezialisierten, Steuerberater beraten.

Wenn du hierzu eine Empfehlung benötigst, schaue gerne auf dem *Immo Mentor Supplier Hub* vorbei und kontaktiere mein Team und mich direkt.

Supplier Hub:

Bonus # 3 – Unabhängigkeit von der Geldpolitik

Ein weiterer großer Vorteil von Immobilien ist die Unabhängigkeit von der Geldpolitik. Wenn du deine Immobilie(n) mit einem Fixzins finanzierst, hast du die Zinsen über eine feste Laufzeit garantiert. In Deutschland ist es üblich, die Zinsen für zehn Jahre festzuschreiben – aber es ist auch möglich, Zinsen für 15 oder sogar 20 Jahre zu fixieren. Das bedeutet, dass dir Schwankungen der Zinssätze, die von der Europäischen Zentralbank (EZB) oder den Märkten bestimmt werden, weitgehend egal sein können. Egal, ob die Zinsen steigen oder fallen – mit einem Fixzinsdarlehen weißt du genau, welche monatlichen Belastungen auf dich zukommen, und du hast über die gesamte Laufzeit deiner Fixzinsvereinbarung eine hohe Planungssicherheit.

Darüber spreche ich auch ausführlich in der Episode #2 in meinem *Immo Mentor Podcast*.

Podcastfolge:

3
Schulden, die dich reich machen

Gute Schulden machen dich reich
– schlechte Schulden treiben dich ins Unglück

Konsumschulden vs. Investmentschulden

Ein wesentlicher Aspekt beim Immobilieninvestment ist das Thema Schulden. Wenn du erfolgreich in Immobilien investierst, wirst du zwangsläufig Schulden machen müssen. Und je größer dein Portfolio wird, desto mehr Schulden wirst du haben. Ja, du hast richtig gelesen!

Der entscheidende Punkt dabei ist, den Unterschied zwischen **guten** und **schlechten Schulden** zu verstehen. Ich weiß, dass viele von uns mit dem Mindset „Schulden sind schlecht" aufgewachsen sind – und in vielen Fällen ist das auch richtig. Aber bei Immobilien sieht die Sache anders aus.

Schlechte Schulden sind **Konsumschulden** – also Kredite für Dinge wie Leasingautos, Möbel, das neueste iPhone oder eine Küche auf Raten. Diese Schulden schaffen **keine Einnahmen**, sondern verursachen lediglich **Ausgaben**. Solche Schulden gilt es unbedingt zu vermeiden. Der Grund? Viele dieser Dinge verlieren schon nach wenigen Tagen oder Wochen erheblich an Wert. Hinzu kommt, dass die Zinsbelastung bei Konsumschulden oft sehr hoch ist und im schlimmsten Fall negative Einträge in der Schufa (DE) oder dem KSV-Register (AT) hinterlassen werden, was deine Bonität erheblich senken kann. Und genau das könnte dich später bei guten Schulden in deiner Finanzplanung blockieren.

Gute Schulden hingegen sind **Investitionsschulden** – also Darlehen, die du für den Erwerb von gewinnbringenden Vermögenswerten (Assets) wie Immobilien aufnimmst. Diese Vermögenswerte generieren **laufende Einnahmen** – zum Beispiel durch Mieteinnahmen. Hier arbeiten deine Schulden für dich, indem sie dir Geld einbringen, anstatt dich nur Geld zu kosten. Im besten Fall generiert dein Cashflow-Investment mehr Einnahmen, als es dich an monatlichen Kosten verursacht. So erwirtschaftest du zusätzliches Einkommen. Langfristig baust du mit guten Schulden nicht nur monatlich Einkommen auf, sondern auch Vermögen – durch die regelmäßige Tilgung des Darlehens sowie durch die Wertsteigerung der Immobilie im Laufe der Zeit.

4
Die Inflation, dein Freund und Helfer

Warum Inflation deine Schulden frisst und warum sich langfristiges Denken mehr als bezahlt macht

Max saß zu Besuch bei seinen Eltern und erzählte ihnen von seinem Vorhaben, in Immobilien investieren zu wollen.

Max' Vater erinnerte sich: „Vor 30 Jahren, als wir unser Haus gebaut haben, war das alles noch ganz anders. Unser ganzer Hausbau hat damals nur 200.000 € gekostet. Jetzt willst du dir um dieses Geld nur eine einzelne Wohnung kaufen, die du dann vermietest, und dir mehr Probleme einkaufst, als es bringt? Wenn ich mir ansehe, was das heutzutage kostet… Das könnten wir uns nie leisten! Unser Haus würde heute mindestens 500.000 €, wenn nicht sogar 600.000 € kosten. Was glaubst du, wie viel wir da jeden Monat an die Bank zurückzahlen müssten? Diese hohe Rate würde uns glatt ins Grab bringen."

Max erzählte Tom beim nächsten Treffen davon. Tom war begeistert darüber, an dieser Stelle ansetzen zu können: „Genau hier kommt das Wunder der Inflation ins Spiel, Max. Das hilft dir immens beim Immobilienkauf! Inflation bedeutet, dass die Preise für Waren und Dienstleistungen steigen, wodurch die Kaufkraft des Geldes sinkt. Allgemein ist das negativ, weil man sich um die gleiche Menge Geld weniger leisten kann. Aber als Immobilieninvestor kannst du davon profitieren."

Max runzelte die Stirn. „Wie das?"

„Stell dir vor, du hast eine Immobilie mit einem Kredit finanziert", erklärte Tom. „Die Höhe deiner Schulden bleibt nominal gleich, sagen wir 100.000 €. Bei einer Inflation von vier Prozent pro Jahr sinkt die reale Kaufkraft dieser 100.000 € ebenfalls um vier Prozent und beträgt schon nach einem Jahr nur mehr 96.000 €. Das bedeutet, dass der reale Wert deiner Schulden mit der Zeit ebenfalls abnimmt, nämlich jedes Jahr im selben Ausmaß der Inflation. Deine Schulden werden somit immer weniger wert."

Max nickte langsam, allerdings war er immer noch etwas misstrauisch. „Und was ist mit den Mieteinnahmen?"

„Gute Frage", antwortete Tom. „In der Regel steigen die Mieten mit der Inflation. Das heißt, deine Einnahmen erhöhen sich, während der reale Wert deiner Schulden sinkt. So schützt du dein Vermögen vor der Geldentwertung und kannst sogar davon profitieren."

Max lehnte sich zurück und dachte nach. „Das klingt logisch. Ich hatte Inflation immer nur als etwas Negatives gesehen."

Tom antwortete darauf: „Der Großteil der Bevölkerung denkt das. Aber mit dem nötigen Hintergrundwissen kann man solche wirtschaftlichen Phänomene zu seinem Vorteil nutzen."

Max griff nach dem Buch und blätterte durch die Seiten. „Ich denke, ich sollte das Kapitel über Inflation noch einmal lesen."

Inflation – Der unterschätzte Vorteil für Immobilieninvestoren

Man glaubt es kaum, aber als Immobilieninvestor kann man sich sogar über die Inflation freuen. Das klingt zunächst seltsam, aber die Inflation ist ein viel mächtigeres und nützlicheres Instrument, als du vielleicht denkst. Leider wird sie in der Gesellschaft oft unterschätzt und ausschließlich negativ betrachtet. Aber was bedeutet Inflation genau?

In einer Marktwirtschaft verändern sich die Preise von Waren und Dienstleistungen im Laufe der Zeit. Manche Dinge werden teurer – wie zum Beispiel Lebensmittel – andere günstiger, wie Elektronikprodukte. Wenn jedoch fast alle Preise steigen, spricht man von Inflation. Das bedeutet, du kannst dir mit dem gleichen Geld weniger kaufen als vorher.

Stell dir vor, dein Netto-Lohn bleibt gleich, sagen wir 2.000 € im Monat, aber durch die Inflation sind plötzlich viele Dinge teurer: Statt eines Vier-Sterne-Hotels kannst du für deinen Urlaub nur noch ein Drei-Sterne-Hotel buchen, und im Restaurant lässt du die Vorspeise und bald auch die Nachspeise weg. Das ist Inflation im Alltag!

Doch als Immobilieninvestor spielt dir die Inflation in die Hände. Durch den Anstieg der Preise steigen auch die Mieten, die du für deine Immobilien verlangen kannst. Während deine Mieteinnahmen aufgrund der Inflation wachsen, bleibt deine Kreditrate für das Darlehen gleich (sofern du ein Fixzinsdarlehen hast).

Die Inflation mindert somit den realen Wert deiner Schulden, während der Wert deiner Immobilien weiter steigt. Mit dieser Strategie baust du nicht nur Vermögen auf, sondern nutzt die Inflation gezielt als Vorteil.

Warum Inflation deine guten Schulden schmelzen lässt

Unsere Grundannahme ist, dass du für die Finanzierung deiner Immobilie in der Regel Fremdkapital nutzt – also ein Darlehen oder eine Hypothek der Bank. Jetzt fragst du dich vielleicht: Warum lässt die Inflation nun unsere ohnehin guten Investitionsschulden dahinschmelzen?

Ganz einfach: Der Betrag an Schulden, die du in Form eines Darlehens aufnimmst, wird durch Inflation nicht größer. Der Betrag des Darlehens bleibt gleich und baut sich durch die Tilgung ab. Wenn du ein Darlehen mit Fixzins abgeschlossen hast, bleibt die monatliche Rate für die Zeit der Fixzinsbindung konstant, da die Zinsen durch die Fixzinsbindung festgeschrieben sind.

Der Vorteil: Wenn du einen langen Fixzins vereinbart hast, bist du nicht von den Schwankungen der Leitzinsen abhängig. Das bedeutet, du zahlst bis zum Ende der Fixzinsperiode immer denselben Betrag. Auch die Zinsen, die du als Investor ohnehin steuerlich absetzen kannst, bleiben gleich. Die Höhe deiner guten Schulden (also des Fremdkapitals) bleibt also konstant, genauso wie der Anschaffungspreis der Immobilie.

Fazit

Während die Inflation die Kaufkraft deines Geldes verringert, mindert sie auch den realen Wert deiner Schulden. Dein Darlehen kostet dich mit der Zeit immer weniger, während der Wert deiner Immobilie weiter wächst. Dazu kannst du deine monatlichen Belastungen im Vergleich zu den gestiegenen Mieteinnahmen als Vorteil nutzen.

Auch bei zehn Prozent Inflation bleiben deine 100.000 € Schulden bei 100.000 € und steigen nach einem Jahr nicht um 10.000 € auf 110.000 € an. Neben der laufenden Tilgung, dem Anteil, den du Monat für Monat abbezahlst und damit Vermögen aufbaust, schrumpfen deine Investmentschulden also auch durch die Inflation. Genauso wie die Kaufkraft von 100.000 € um die Inflation sinkt, sinkt auch der „Wert“ deiner Schulden. Selbst wenn du 30 Jahre lang nur die Zinsen zahlst und nichts von der eigentlichen Schuld abbezahlst, wäre der Schuldbetrag am Ende viel weniger wert als zu Beginn.

Du siehst also, wenn du deinen Immobilienkauf mit Fremdkapital finanzierst, trägt die Inflation aktiv zum Erhalt deiner Kaufkraft sowie zur Vermögensvermehrung bei, da deine Schulden durch die Inflation effektiv immer kleiner werden. Das ist das Wunder der Inflation und so hilft sie uns Immobilieninvestoren dabei, Vermögen aufzubauen.

Solltest du hierzu Fragen haben, stelle sie jederzeit in der kostenfreien *Immo Mentor Community*.

Community:

5
Geschäftsmodelle

Die weite Welt der Immobilienwirtschaft und ihre unterschiedlichen Investmentmöglichkeiten

Max und Tom trafen sich zum Spazierengehen. Max war immer interessierter daran, selbst in Immobilien zu investieren, war sich aber unsicher, wie er das am besten angehen sollte. „Tom", fing er an. „Ich habe über unsere letzten Gespräche nachgedacht. Du hast erwähnt, dass es viele verschiedene Wege gibt, mit Immobilien Geld zu verdienen. Kannst du mir mehr darüber erzählen?"

Tom war bei seinem Lieblingsthema gleich voll motiviert. „Natürlich, Max. Die Immobilienbranche bietet eine Vielzahl von Geschäftsmodellen und Investmentmöglichkeiten, die oft über den klassischen Kauf und die Vermietung von Wohnungen hinausgehen."

Max hob interessiert die Augenbrauen. „Was gibt es denn noch?"

„Nun", begann Tom. „Hier sind einige Beispiele: Erstens, du agierst als **Tippgeber** *für andere Investoren und hilfst ihnen, Objekte zu finden. Zweitens, du machst einen Deal mit jemandem gemeinsam und wirst* **Co-Investor***. Drittens,* **Fix und Flip** *deine Immobilie: Du kaufst eine renovierungsbedürftige Immobilie, setzt sie instand und verkaufst sie anschließend mit Gewinn. Viertens, statt langfristiger Mieter setzt du auf Plattformen wie Airbnb, um höhere Renditen durch* **kurzfristige Vermietungen** *zu erzielen. Und zu guter Letzt, du kaufst Immobilien zu einem niedrigen Preis, verkaufst sie ohne große Veränderungen zu einem höheren Preis weiter und verfolgst somit einen* **Immobilienhandel***."*

Max war beeindruckt. „Wow, das sind wirklich viele Möglichkeiten. Ich hätte nie gedacht, dass die Immobilienwelt so vielfältig ist."

„Oh doch, das ist sie absolut", antwortete Tom. „Es gibt unzählige kreative Wege, in diesem Bereich erfolgreich zu

sein. Wichtig ist, dass du das Modell findest, das am besten zu deinen Zielen und Fähigkeiten passt."

Max nickte nachdenklich. „Ich glaube, ich sollte mich intensiver mit diesen Optionen beschäftigen. Vielleicht finde ich ja meinen eigenen Weg in der Immobilienwelt. Aber die meisten dieser Geschäftsmodelle erfordern einiges an Eigenkapital. Ich habe zwar ein Polster angespart und könnte mir damit ein bis zwei nette, kleine Wohnungen zur Vermietung kaufen. Aber was ist, wenn ich mehr möchte? Gibt es auch Möglichkeiten, ohne viel Eigenkapital durchzustarten?"

„In der Tat gibt es die", sagte Tom ermutigend. „In der Kurzzeitvermietung zum Beispiel kannst du mit einem Rent-To-Rent Modell beginnen, bevor du die Wohnungen vermietest, die dir selbst gehören. Oder du arbeitest als Tippgeber für andere Investoren wie mich und bekommst attraktive Tippgeberprovisionen, um dir Eigenkapital für deinen nächsten eigenen Wohnungskauf anzusparen."

Die beiden Freunde setzten ihr Gespräch fort, vertieften sich in die verschiedenen Geschäftsmodelle und tauschten Ideen aus. Max fühlte sich inspiriert und motiviert, neue Wege zu erkunden und seine finanzielle Zukunft aktiv zu gestalten.

Die Möglichkeiten verschiedener Geschäftsmodelle

In diesem Kapitel gebe ich dir einen Überblick über mögliche Geschäftsmodelle und beleuchte verschiedene Arten, wie du in Immobilien investieren und von den Einnahmen und der Wertsteigerung profitieren kannst.

Direkte vs. indirekte Immobilieninvestments

Wir unterscheiden zwischen direkten und indirekten Immobilieninvestments. Damit meine ich Investments in Immobilien, die du weitestgehend selbst kontrollieren und steuern kannst (direkt), beziehungsweise Immobilieninvestments, die du nicht aus erster Hand kontrollieren und beeinflussen kannst (indirekt). Auch wenn ich einen kurzen Überblick über indirekte Möglichkeiten des Immobilieninvestments gebe, werden wir im weiteren Verlauf des Buches ausschließlich über direkte Möglichkeiten sprechen. Das Kapitel ist für deinen einfachen Gebrauch in drei Teile unterteilt:

- Kein Eigenkapital
- Wenig bis mittleres Eigenkapital
- Reichlich Eigenkapital

Kein Eigenkapital

In diesem Unterkapitel stelle ich dir die Möglichkeiten vor, wie du ohne Eigenkapital am Erfolg von Immobilien partizipieren kannst oder wie du dir Eigenkapital aufbauen kannst.

Indirekte Immobilieninvestments

Du kannst ganz passiv und indirekt in Immobilien investieren, indem du in einen breit gestreuten **Immobilienfond** bzw. **ETF** investierst. Hier bist du breit diversifiziert und partizipierst an den Einnahmen des Fonds, hast jedoch auch keine Möglichkeit, etwas aktiv zu bewegen oder in die Entwicklung einzugreifen. Das Einzige, was du tun kannst, ist, deine Fonds-Anteile wieder zu verkaufen. In der Regel ist bei einer Investition in Fonds mit einer eher geringeren – für mich persönlich uninteressanten – Rendite von drei bis fünf Prozent zu rechnen. Das Problem ist hier wie auch bei Aktien, dass du immer 100 Prozent Eigenkapital einsetzt und den Wunderhebel des Fremdkapitals nicht nutzen kannst.

Der nächste Schritt wäre, in **Aktien** von Immobilienunternehmen zu investieren. Aktien sind Anteile am Unternehmen, du hast aber als Kleinaktionär kein Mitspracherecht und kannst auch hier nichts selbst bewegen. Aktien sind mit ein wenig mehr Risiko und mehr Schwankungen verbunden als Fonds, können dadurch aber auch mehr Rendite bringen.

Auf **Crowdinvesting-Plattformen** wird meist Mezzaninkapital für eine Projektentwicklung gesammelt, mit dem sich der Projektentwickler das restliche Kapital von der Bank holt. Das Geld, das über die Crowdfunding-Plattform eingesammelt wird, dient als Eigenkapital und ist relativ teuer, denn natürlich bekommt auch die Crowdfunding-Plattform Geld für ihre Dienstleistung und du als Anleger erhältst in der Regel fünf bis sieben Prozent p.a. (per annum = pro Jahr).

Aber Achtung: Bei solchen Crowdinvesting-Projekten bist du immer nachrangig, weil das eingesammelte Geld sonst für die Bank nicht als Eigenkapital des Bauträgers zählen würde. Sollte der Bauträger also in Schieflage geraten, bekommst du, bzw. deine Co-Investoren der

Crowdinvesting Kampagne, durch die Nachrangigkeit als letztes dein/euer Geld zurück.

Dienstleister in der Immobilienbranche

Die einfachste und schnellste Möglichkeit Eigenkapital für die erste eigene Wohnung anzusparen ist als **Tippgeber** für andere Immobilieninvestoren zu agieren. Am Anfang hast du meist mehr Zeit als andere und kannst dadurch mehr Zeit in die Akquise von guten Wohnungen investieren. Wenn du an Objekte kommst, die du dir noch nicht leisten kannst, da sie für dich zu groß oder einfach nicht das passende Objekt sind (zum Beispiel ein Geschäftslokal statt einer Wohnung), kannst du dennoch anderen einen guten Tipp zu dieser Immobilie geben, die du schon grundlegend geprüft hast. Ich zahle meinen Tippgebern ein bis zwei Prozent Provision.

Als **Makler** kannst du dich auch ohne eigene Gewerbeberechtigung einem Maklerbüro anschließen und dort dein Handwerk lernen. Wer weiß? Vielleicht steigst du ja schon bald Vollzeit als Dienstleister in die Immobilienbranche ein? Die meisten Maklerbüros sind sehr offen für mutige und motivierte Quereinsteiger.

Auch in einer **Hausverwaltung** zu arbeiten, kann ein guter Einstieg und Anknüpfungspunkt in die Immobilienbranche sein.

Wenn du eine Begabung für **Fotografie** hast, kann das ein valider Einstiegspunkt als Dienstleister im Immobilienbereich sein. Eigentümer und Makler benötigen immer gute Fotos für den Verkauf einer Wohnung. Und vielleicht kommst du so direkt an deine erste Wohnung.

Co-Investments

Finde Partner mit Eigenkapital, die jemanden suchen, der die Immobilie organisiert, verwaltet oder vermarktet. So kannst du von deren Kapital profitieren und deine Expertise einbringen. Co-Investments eignen sich am besten dafür, fünfzig-fünfzig zusammenzuarbeiten. Einer macht die Arbeit, der andere finanziert bzw. bringt das Eigenkapital ein. Auch ich habe auf diese Art und Weise mein erstes Zinshaus gekauft.

Arbitrage und Kurzzeitvermietung

Bei Miet-**Arbitrage** Geschäften, auch Rent-to-Rent genannt, mietest du Wohnungen an, richtest sie ein und vermietest sie möbliert, monats- oder tageweise an Touristen, Monteure oder Expats weiter. So erzielst du mit wenig Startkapital höhere Einnahmen als die Mietkosten für die angemietete Immobilie.

Kurzzeitvermietung ist ein Überbegriff für sämtliche Geschäftsmodelle, bei denen Unterkünfte auf kurze Zeit, in der Regel von einer Nacht bis zu sechs Monaten, vermietet werden. Das Feld der Kurzzeitvermietung hat in den vergangenen Jahren einen deutlichen Wandel durchlebt. Nicht zuletzt durch Digitalisierung und die damit verbundenen digitalen Geschäftsmodelle sowie durch die neu gewonnene Plattform-Ökonomie des 21. Jahrhunderts. Dadurch sind viele moderne Möglichkeiten der Vermietung möglich geworden.

Zwei Beispiele, die mittlerweile wohl jeder kennt, sind Online Travel Agencies (OTAs) wie *Airbnb* und *Booking.com*. Diese Plattformen kann man sich auch als kleiner Vermieter zunutze machen, um mit Kurzzeitvermietung höhere Preise in der Vermietung zu erzielen und sich schlussendlich auch einer höheren Rendite zu erfreuen. Durch den geschickten Einsatz von Tools wie *Channel Managern* oder *Property Management Systemen* (PMS) kann der Betrieb hochgradig automatisiert und dadurch Kosten eingespart werden. Speziell bei *Airbnb* fängt das Geschäftsmodell bei einzelnen Zimmern, die man in der eigenen, privaten Wohnung vermietet, an, und erstreckt sich über ganze Objekte, wie einer vermieteten Wohnung hin zu gesamten Häusern, Apartmenthäusern oder (Self-Check-in) Hotels.

Wissen nutzen und verkaufen

Als **Berater** in gewissen Spezialgebieten kannst du andere Investoren unterstützen und sie schneller zum Ziel bringen. Welche Anknüpfungspunkte hast du, die vielleicht anderen helfen könnten? Architekt, Planer, Bauingenieur, Sachverständiger, Marketing, Vertrieb? Dein Know-how kann dir Einnahmen bringen.

Anstatt andere einzeln zu beraten, kannst du in deinem Fachgebiet auch **Workshops** und **Weiterbildungen** leiten und so auf einen Schlag mehreren Personen gleichzeitig dein Wissen vermitteln, zum Beispiel in einem Ein-Tages- oder Wochenendseminar.

No-Money-Down-Deals

Eine clevere Strategie ist es, dich auf sogenannte No-Money-Down-Deals zu spezialisieren. Hierbei handelt es sich um Finanzierungsmodelle, bei denen du Immobilien kaufst, ohne direkt eigenes Geld einzubringen. Durch Verhandlungsgeschick, gute Kontakte zu Banken oder kreative Finanzierungsansätze kannst du so Immobilien erwerben und über

Mieteinnahmen Rücklagen bilden. Dies erfordert zwar viel Wissen und Planung, kann aber der Startschuss für deine Karriere als Investor sein. Zwei typische Strategien sind:

1. **Immobilien mit einem Verkäuferdarlehen kaufen ohne Eigenkapital:** Hierbei bekommst du vom Verkäufer ein Darlehen, oft in Höhe des benötigten Eigenkapitals. Dieses Darlehen zahlst du je nach Vereinbarung laufend in Raten oder endfällig in drei, fünf oder gar zehn Jahren an den Verkäufer zurück. Speziell dann, wenn der Verkäufer das Geld nicht unbedingt benötigt und nur eine vernünftige Verzinsung möchte, ist das eine Win-Win-Situation für beide Seiten. Gegebenenfalls bekommt der Verkäufer dadurch einen etwas höheren Kaufpreis von dir.
2. **Immobilien unter Marktwert kaufen mit Vollfinanzierung durch die Bank:** Du kaufst Immobilien unter dem Marktwert ein, dass dir die Bank sämtliche Kosten inklusive Nebenkosten und gegebenenfalls sogar inklusive Sanierungen finanziert, da die Bank aufgrund des niedrigen Kaufpreises wenig bis kein Risiko trägt.

Bei beiden Punkten spielt die Größe des Deals kaum eine Rolle, wenn die Parameter dementsprechend attraktiv und passend sind.

Wenig bis mittleres Eigenkapital

In diesem Teil behandeln wir passende Strategien, wenn du etwa 15.000 € bis 30.000 € Eigenkapital angespart und zur Verfügung hast.

Wohnungen

Das klassische und einfachste direkte Immobilieninvestment ist, selbst eine Wohnung zu kaufen. Klingt einfach – ist es auch. Auf jeden Fall, nachdem du dieses Buch zu Ende gelesen hast.

Meist beginnt man damit, eine Wohnung von 30 bis 50 m^2 als Anlage zu kaufen und diese befristet auf drei bis fünf Jahre zu vermieten. Warum befristet und nicht unbefristet? Dazu kommen wir noch in Kapitel 15 *Die Mieterauswahl*.

Einzelne Wohnungen kann man natürlich selbst suchen und kaufen, oder man kauft eine sogenannte **Vorsorgewohnung**. Das sind Wohnungen, die einen gewissen Grad an zusätzlicher Betreuung und Management durch eine Hausverwaltung haben. Bei Vorsorgewohnungen kümmert sich der Betreiber (die Hausverwaltung bzw. Asset Management) zum Beispiel um Dinge wie die Vermietung, Mieterauswahl oder auch um Reparaturen in der Wohnung und verwaltet meist auch das gesamte Haus der Wohnungseigentumsgemeinschaft. Deswegen werden Vorsorgewohnungen mehrheitlich so angepriesen, dass du dich selbst um nichts kümmern musst und die Mieteinnahmen den Kredit zurückzahlen, möglicherweise mit einer kleinen Zuzahlung pro Monat.

Vorsorgewohnungen sind meistens Neubauwohnungen. Hier stehen vor allem die steuerlichen Vorteile im Vordergrund, da man diese vom Bauträger als Anleger mit dem Netto-Preis kaufen kann und sich so die Vorsteuer erspart. Überdies haben Neubauten den Vorteil, dass man sich zumindest in den ersten zehn Jahren um nicht viel kümmern muss, da ja alles gerade neu gebaut wurde.

Fix und Flip

Beim Fix und Flip wird die Wohnung entweder nur leicht renoviert beziehungsweise „aufgehübscht“ oder gegebenenfalls komplett saniert, inklusive Elektro- und Sanitärinstallationen und Boden, Bad, Heizung sowie fallweise auch räumlichen Veränderungen, und nach der Sanierung weiterverkauft. Die typische Zielgruppe nach einem Fix und Flip sind Eigennutzer, da diese meist bereit sind mehr zu bezahlen als ein anderer Investor, der – so wie du – genau auf die Rendite schaut. Beim Eigennutzer, der die Wohnung nach dem Kauf selbst bewohnt, überwiegt die emotionale Rendite.

Wisch und weg

Dies ist eine einfachere Form des Fix und Flips und zeichnet sich dadurch aus, dass man nichts an der Wohnung verändert. Den Gewinn erwirtschaftest du in diesem Fall durch eine geschickte Akquise und einen günstigen Einkaufspreis. Du verkaufst die Wohnung teurer weiter, gegebenenfalls unterstützt durch ein (digitales) Home Staging. Wenn du dieses Geschäftsmodell immer wieder und professionell betreibst, spricht man auch vom Immobilienhandel.

Serviced Apartments

Wie bei der klassischen Kurzzeitvermietung wie bei *Airbnb* und Co. spricht man bei Serviced Apartments in der Regel von gesamten Apartments oder Zimmern, die zumindest mit einer Küche oder Kitchenette ausgestattet sind, um sich als Gast selbst versorgen zu können. International wird diese Art der Vermietung in manchen Ländern auch als Self-Catering-Apartments bezeichnet.

Serviced Apartments können weitere Services auf Abruf anbieten (mittlerweile oft über eine App), etwa Frühstück, Reinigung, Wäscheservice oder sogar Concierge-Services, die man im Einzelfall auf Wunsch kostenpflichtig hinzubuchen kann. Richtige Serviced Apartments werden oft von sehr professionellen Betreibern angeboten, zum Beispiel *Stay Bright*, *Numa* oder *Stay Awesome*.

Möblierte Vermietung

Bei der möblierten Vermietung wird die Wohnung vom Vermieter mit Küche und sämtlichen Möbeln, wie Bett, Sofa, Esstisch und Stühlen ausgestattet und dadurch etwas teurer vermietet. Möblierte Vermietung muss nicht zwingend nur Kurzzeitvermietung sein. Auch in der normalen Langzeitvermietung kann man möbliert vermieten und durch die zusätzliche Möbelmiete die Einnahmen erhöhen.

Ferienimmobilien

Diese Art der Vermietung fällt meist unter die Kategorie der Kurzzeitvermietung. Mit Ferienimmobilien meint man oft Häuser oder Wohnungen an Seen, in beliebten Urlaubsregionen, auf Bergen (Berghütten), in Wandergebieten oder auch in Strandgegenden und auf Weingütern. Ferienimmobilien haben überwiegend ein ganz bestimmtes Merkmal, das sie besonders auszeichnet, zum Beispiel eben See- oder Strandnähe. Ferienimmobilien werden größtenteils tage- oder wochenweise vermietet und eignen sich besonders für Familienurlaube und Selbstversorger. Das Konzept der Ferienimmobilie erfreut sich einer immer größer werdenden Beliebtheit. In den vergangenen Jahren sind speziell in Österreich immer mehr sogenannte Chalet-Dörfer in Berg- oder Wanderregionen entstanden.

Monteurzimmer- und Arbeiterquartiere

Hier kommen Unternehmen bzw. deren Monteure, Arbeiter und Handwerker unter, welche auf Montage sind. Die Ansprüche an die Unterkunft sind relativ gering und die Zimmer einfach ausgestattet. Mittlerweile haben die meisten Monteurzimmer und Arbeiterunterkünfte ein eigenes Bad und WC, man sieht sie aber auch nach wie vor mit Gemeinschaftsbädern, wie man das zum Beispiel auch von Hostels kennt. Die Zimmer sind meistens Zweibettzimmer mit zwei Einzelbetten. In den meisten Fällen gibt es in Arbeiterquartieren außerdem noch gemeinsame Aufenthaltsräume und eine Gemeinschaftsküche, in der sich die Arbeiter selbst versorgen können.

Automaten und Hofläden

Das Geschäftsmodell von Automaten ist aufstrebend und erfreut sich, vor allem im städtischen Raum, aber mittlerweile auch in ländlichen Regionen, immer mehr Beliebtheit.

Für das Aufstellen von Self-Service-Automaten werden oft leer stehende Erdgeschoss-Flächen genutzt und in den Automaten werden Getränke, Snacks, Lebensmittel oder Güter des täglichen Bedarfs verkauft. Besonders in ländlichen Regionen gibt es mittlerweile auch Fleischautomaten während der Grillsaison sowie Milch- oder Eierautomaten.

Vermietung von Werbeflächen

Auch Werbeflächenvermietung kann ein lukratives Geschäftsmodell sein. So gibt es mittlerweile spezielle Werbenetzwerke, die sich zum Beispiel auf Freiflächen-Werbung auf Einkaufsstraßen oder in ungenutzten Schaufenstern konzentrieren. Andere wiederum mieten sich zum Beispiel in

Bildschirme in Arztpraxen ein und bespielen diese. Dieses Geschäftsmodell geht jedoch schon relativ weit vom klassischen Immobilieninvestment weg. Man kann aber zum Beispiel auch eigene Wohnungen oder Geschäftslokale mit Werbung versehen.

Reichlich Eigenkapital

In diesem Teil behandeln wir passende Strategien, wenn du mehr als 50.000 € zur Verfügung hast.

Mehrfamilienhäuser beziehungsweise Zinshäuser

Bei Zins- oder Mehrfamilienhäusern liegen im Grunde die gleichen Prinzipien und Regeln zugrunde wie bei einer Wohnung. Unterschiede gibt es jedoch in der Genauigkeit und im Umfang der Due Diligence (Ankaufsprüfung), denn man muss selbstverständlich das gesamte Haus von Kopf bis Fuß prüfen und nicht nur die einzelne Wohnung. Natürlich sollte man sich auch bei einem einzelnen Wohnungskauf das Haus genau ansehen, jedoch wird die Due Diligence bei einem gesamten Haus wesentlich detaillierter ausfallen.

Die Bewirtschaftung von Mehrfamilienhäusern ist natürlich umfangreicher und man muss sämtliche Rücklagen selbst bilden. Des Weiteren gibt es natürlich auch ein gewisses „Klumpenrisiko“, wenn die Wohnungen alle in dem gleichen Haus liegen, anstatt über die ganze Stadt verteilt. So wie bei Wohnungen muss man auch bei gesamten Häusern einen realistischen Mietausfall bei der Kalkulation ansetzen.

Der Unterschied zwischen Zinshäusern und Mehrfamilienhäusern ist, dass Zinshäuser nicht geteilt (nicht parifiziert) sind, Mehrfamilienhäuser hingegen schon. Dabei ist jedem

Wohnungseigentumsobjekt ein eigener Nutzwert laut Nutzwertgutachten zugewiesen. Bei nicht aufgeteilten Häusern können die Wohnungen also nicht einzeln mit genauer Zuweisung, welche Wohnung der Käufer kauft, verkauft werden. Wenn du zum Beispiel 50 Prozent an einem nicht aufgeteilten Zinshaus kaufst, weißt du nicht, welche Wohnungen dir gehören, sondern dir gehört die Hälfte von allen Wohnungen und allen Allgemeinteilen.

Hotels und Self-Check-In-Hotels

Durch Self-Check-In kann sehr viel Geld gespart werden, sodass das Hotel bis auf die Reinigung ganz ohne Personal betrieben werden kann. Mein Unternehmen *TAURUS Sicherheitstechnik* ist auf solche Anwendungen spezialisiert und stattet pro Jahr über 2.000 Apartments mit modernen elektronischen Zutrittssystemen und Schließanlagen aus, welche von überall remote gesteuert werden können und den Betrieb vollkommen automatisieren.

Hostels

Ein Hostel ist im Grunde wie ein Arbeiterquartier bzw. Monteurquartier aufgebaut, kann mit oder ohne Rezeption betrieben werden, hat jedoch in der Regel auch sogenannte Dorm Rooms in denen teilweise bis zu zehn Personen unterkommen können. Hostels sind dementsprechend sehr günstig und werden vor allem von gemeinsam reisenden Gruppen und jüngerem Publikum gerne genutzt.

Selfstorage

Beim Konzept des Selfstorage werden kleinteilige Lagerflächen vermietet. Selfstorage Objekte befinden sich häufig in alten Erdgeschoss-Flächen, von ehemaligen Einzelhändlern oder Banken. Selfstorage gibt es aber auch mit Containern oder in Form von Garagen.

Garagen und Garagenparks

Ob einzelne Garagen oder ganze Garagenparks, die Vermietung von Garagen kann sehr lukrativ sein, obgleich der Gewinn hier ganz klar im Ankauf oder beim Bau liegt. Bei Garagenparks gibt es zum Beispiel oft Spezialisierungen, etwa für Oldtimer mit speziellen Sicherheitssystemen. Auch solche speziellen Sicherheitssysteme für Garagen stellt u.a. *TAURUS Sicherheitstechnik* her.

Eine Nische der Garagenvermietung wären noch Tiefgaragen, bei denen es jedoch baulich mehr zu beachten und beim Ankauf mehr zu prüfen gibt (Brandschutz, Abdichtung etc.) als bei freistehenden Garagen. Ganz klar ist auch, dass die Errichtung von Tiefgaragen wesentlich teurer ist als die Errichtung auf Freigelände.

Gewerbe- und Handwerkerparks

Gewerbeparks zeichnen sich meist dadurch aus, dass viele verschiedene Mieter aus den verschiedensten Branchen in einem solchen Park zusammenkommen. Dies führt dazu, dass man eine gute Risikostreuung erlangt. Dadurch, dass man viele verschiedene Mieter hat schafft man eine Streuung im Ausfallrisiko bei den Mietern. Wenn beispielsweise Baufirmen/Maler/Handwerker eingemietet sind und die Baubranche läuft nicht so, haben die für den Mietausfall ein ähnliches Risikoprofil. Wenn man auch Gärtner, KFZ Werkstätten, vielleicht sogar Fotografen, Friseur, Beautysalon etc. hat, dann streut man das Risiko.

Eine lukrative Nische innerhalb von Gewerbeparks sind Handwerkerparks. Ein Handwerkerpark besteht vorwiegend aus relativ hohen Hallen zwischen 4 und 10 Metern Raumhöhe, welche flexibel gestaltet werden können. In der Regel sind große Werkstatt- oder Lagerbereiche sowie kleine Büros und Sanitäranlagen Teil eines Handwerkparks.

Photovoltaikanlage und nachhaltige Stromerzeugung, die man für das eigene Objekt verwendet oder ins Energienetz einspeist, können hier eine weitere Einnahmequelle sein.

Photovoltaik (PV)

Speziell im Zeitalter der aktuellen Energiewende, in dem wir ständig drastische Preissteigerungen bei Energie, insbesondere bei Strom, zu spüren bekommen – anhand erhöhter Betriebskosten und Stromabrechnungen –, werden Solarpanels und Photovoltaik als Art der Energiegewinnung immer relevanter. In diesem Bereich wird auch die Möglichkeit, Energie anhand von Speicher- oder Pufferbatterien und Akkus für einen späteren Zeitpunkt zu sammeln, immer relevanter, besser und im Laufe der Zeit immer günstiger.

Das Geschäftsmodell, Dachflächen oder Freiflächen (Grundstücke, Wiesen, etc.) als Solar-Park zu nutzen, Strom zu erzeugen und in das allgemeine Stromnetz einzuspeisen und dadurch Geld zu verdienen, verbreitet sich immer weiter.

Es gibt mittlerweile auch viele Unternehmen, die anbieten, deine Dachfläche anzumieten, eine PV-Anlage zu installieren und dir als Besitzer der Dachfläche eine kleine Fixmiete zu zahlen sowie günstigeren Strom anzubieten. Nach 20 Jahren wird die PV-Anlage meist ins Eigentum des Dacheigentümers übertragen.

Projektentwicklung

Hier entstehen Bauten auf leeren Flächen oder es wird ein bestehender Bau abgerissen, um auf dem Grundstück neu zu bauen. Eine weitere Form der Projektentwicklung könnte sein, ein bestehendes Wohnhaus aufzustocken bzw. weiter auszubauen.

Projektentwicklung nennt man im Grunde alle Fälle, in denen etwas weiterentwickelt und aufgewertet wird. Um dir einen Ausblick zu geben, hier noch einige weitere größere Geschäftsmodelle in der Immobilienwirtschaft:

1. Windparks
2. Wasserkraftwerke
3. Logistikobjekte (Logistikzentren)
4. Betreutes Wohnen
5. Tiny Houses (Tiny House Parks)
6. Primärversorgungszentren (PVZ) bzw. Ärztezentren
7. Büroimmobilien bzw. Bürohäuser
8. Tankstellen
9. Campingplätze (oder auch Glamping)
10. Spezialgebäude wie Industrie-, Produktions- oder Laborgebäude
11. Studentenwohnheime
12. Seniorenresidenzen (Silver Living)
13. Betreutes Wohnen

Im Grunde kann jedes Bauwerk, das du siehst, ein Investment sein.

Digitale Geschäftsmodelle in der Immobilienwirtschaft (Proptechs)

Die Immobilienbranche war lange Zeit von Intransparenz und hohen Einstiegshürden geprägt. Doch mit der zunehmenden Digitalisierung, bedingt durch Faktoren wie Effizienzsteigerung, Kostenoptimierung und Mitarbeitermangel, hat auch die Immobilienwirtschaft einen fundamentalen Wandel durchgemacht. Immer mehr digitale Geschäftsmodelle entstehen und verändern die Branche.

Proptechs – ein Begriff für Property Technology – sind Start-ups und innovative Unternehmen, die sich mit der Digitalisierung und Optimierung der Immobilienwirtschaft befassen. Diese neuen Player entwickeln digitale Lösungen für zahlreiche Nischenmärkte innerhalb der Branche. Heute gibt es Proptechs in fast allen Bereichen der Immobilienwirtschaft. Ein spannender Trend sind auch Proptech-Venture-Fonds, welche gezielt in diese digitalen Unternehmen investieren und sie mit frischem Kapital unterstützen. Typische Anwendungsfelder für Proptechs sind:

- **Self-Storage:** Digitale Plattformen für die Verwaltung von Lagerflächen
- **Immobilienverwaltung und -vermietung:** Automatisierte Prozesse und Softwarelösungen
- **Betrieb von Immobilien:** Smarte Technologien für Energieoptimierung und Gebäudeverwaltung
- **Schließsysteme:** Digitale Zutrittslösungen und Sicherheitslösungen
- **Immobiliensuche und -bewertung:** Online-Plattformen zur transparenten Suche und Bewertung von Immobilien

- **Nachhaltigkeit und ESG (Environmental, Social, Governance):** Lösungen zur nachhaltigen Entwicklung von Immobilien
- **Erneuerbare Energien und Ladeinfrastruktur:** Integration von grünen Technologien in Immobilien
- Viele weitere Bereiche, die durch digitale Innovationen transformiert werden

Durch diese digitalen Geschäftsmodelle wird die Immobilienbranche effizienter, transparenter und zugänglicher – und eröffnet so auch Investoren neue Möglichkeiten.

Fazit

Wie du siehst, gibt es unzählige Geschäftsmodelle in der Immobilienwelt. Du kannst hier deiner Kreativität also freien Lauf lassen. Die wichtigsten Modelle mit wenig oder keinem Eigenkapital im Überblick:

- **Tippgeber:** Du agierst als Tippgeber für andere Investoren und hilfst ihnen, Objekte zu finden.
- **Co-Investor:** Ihr macht einen gemeinsamen Deal.
- **Fix und Flip:** Du kaufst eine renovierungsbedürftige Immobilie, setzt sie instand und verkaufst sie anschließend mit Gewinn.
- **Kurzzeitvermietung:** Statt langfristiger Mieter setzt du auf Plattformen wie *Airbnb*, um höhere Renditen durch kurzfristige Vermietungen zu erzielen.
- **Immobilienhandel:** Du kaufst Immobilien zu einem niedrigen Preis und verkaufst sie ohne große Veränderungen zu einem höheren Preis weiter.

Gastbeitrag von Hendrik Kuhlmann

Das Modell der Kurzzeitvermietung ist unter verschiedenen Bezeichnungen bekannt, typischerweise als *Ferienwohnung*, sodass man hauptsächlich an Urlauber und Touristen denkt. Ganz allgemein meint Kurzzeitvermietung die Vermietung von Wohnungen und Apartments an wechselnde Gäste, beispielsweise über *Airbnb* oder *Booking.com*.

Definition

Kurzzeitvermietung bedeutet die Vermietung von Wohnungen zum vorübergehenden Gebrauch (§ 549 BGB, Deutschland); typischerweise bis zu sechs Monaten. Im Gegensatz zur Langzeitvermietung liegt der Fokus der Kurzzeitvermietung explizit auf temporären Aufenthalten, von einer Nacht bis zu sechs Monaten. Der Mieter oder Gast übernimmt die Unterkunft also nur für einen begrenzten Zeitraum. Die Flexibilität, die du den Mietern dadurch bietest, führt dazu, dass du (wie in einem Hotel) höhere Preise verlangen kannst.

Gäste finden

Eine Wohnung zur Verfügung zu stellen und Gäste dafür zu finden, sind zwei verschiedene Dinge, die unterschiedliche Herangehensweisen erfordern. Plattformen wie *Booking.com* und *Airbnb* sind hierfür ideal, weshalb einige Leute es auch als *Airbnb-Business* bezeichnen. Andere fassen das Thema unter dem Begriff *Rent-to-Rent-Modell* zusammen.

Rent-to-Rent-Modell, auch Arbitrage genannt

Beim Rent-to-Rent-Modell handelt es sich um das Konzept, bei dem man ein Apartment mietet, um es dann zu einem höheren Preis weiterzuvermieten. Das *Rent-to-Rent-Modell* nennt sich auch *Arbitrage-Modell*. Dieses Modell nutzt Preisunterschiede aus: Du mietest in diesem Fall eine Wohnung langfristig zu festen Konditionen an, möblierst sie und vermietest sie kurzfristig weiter. So generierst du Mieteinnahmen, die höher sind als die, die du zahlst.

Wenn ein Gebäude aus mehreren Ferienwohnungen besteht, wird auch gerne der Begriff *Boardinghouse* genutzt. Wenn wir diesen Begriff noch weiter ausdehnen, begegnen wir schnell den *Aparthotels*. Das sind Hotels, die statt normaler Zimmer Apartments bereitstellen.

Deine Rolle als Gastgeber ist eine ganz besondere

Gastgeber zu sein bedeutet, Menschen zu beherbergen, die vielleicht ihren hart ersparten Urlaub oder ihre Ferien mit den Kindern bei dir verbringen. Du bietest einen Rückzugsort für Geschäftsreisende mit stressigen Terminen an. Es kann auch bedeuten, Familienangehörige zu beherbergen, deren Angehörige im Krankenhaus liegen. Sie buchen deine Unterkunft als Zufluchtsort, zu dem sie nach einem langen, emotionalen Tag zurückkehren. Dieses Verständnis ist entscheidend. Als Gastgeber ist es deine Aufgabe, ihnen Herberge zu bieten und vor allem zu liefern, was du versprichst! Um es noch einmal deutlich zu machen: Hinter jeder deiner Buchungen verbirgt sich eine Geschichte. Obwohl du sie nicht immer kennst, liegt es in deiner Hand, diese Geschichte mitzugestalten. Du kannst sicherstellen, dass zumindest der Teil, für den du verantwortlich bist, positiv gestaltet wird.

„Ein wunderbarer Urlaub in einer großartigen Unterkunft. Die Kinder hatten riesigen Spaß!“ Oder bei den Gästen, die aus weniger freudigen Anlässen einchecken: „Wir haben den perfekten Ort gefunden, um nach einem anstrengenden Tag im Krankenhaus zur Ruhe zu kommen.“ Es könnte aber auch sein, dass ein Geschäftsreisender in der Stadt ist und schnell ein Dach über dem Kopf braucht und du trägst zu dieser Geschichte bei. Sie wird entweder eine gute Geschichte, oder du vermasselst sie. Wenn es schlecht läuft, ist es deine Schuld, dass eine Familie in einer schmutzigen Unterkunft landet, sie Schwierigkeiten beim Einchecken hat und die Kinder nach der langen, anstrengenden Autofahrt nur noch weinen. Und das alles, nachdem die Familie ein Jahr lang für den Urlaub gespart hat und Entspannung sucht.

Es gibt unzählige Beispiele. Du musst verstehen, dass es hier nicht rein transaktional zugeht. Transaktional sind häufig die Mietverhältnisse auf dem traditionellen Wohnungsmarkt, wenn du einen Mieter hast, der deinen Vertrag unterzeichnet und dem du dann die Wohnung übergibst. Danach hast du im Allgemeinen keine weiteren Verpflichtungen, es sei denn, der Mieter zahlt seine Miete nicht pünktlich.

Im Bereich *Beherbergung* bewegst du dich jedoch auf ganz anderem Terrain: Hier bist du Gastgeber. Ob du vor Ort bist oder nicht: Deine Kommunikation, die Art und Weise, wie du Probleme angehst und sicherstellst, dass die Gäste einen angenehmen Aufenthalt bei dir haben – all das ist essenziell und wird leider von zu vielen Vermietern da draußen ignoriert.

Warum solltest du in Kurzzeitvermietung investieren?

Gegen Kurzzeitvermietung gibt es viele Einwände. Oft hört man: „Das machen doch schon so viele Leute, wenn ich da jetzt noch einsteige, ist das ja nichts Neues mehr." Das ist allerdings genau der Punkt, den viele nicht verstehen. Du befindest dich nicht nur im isolierten Ferienwohnungsmarkt, sondern bist Teil des gesamten Beherbergungsmarkts. Das ist ein Milliardenmarkt im DACH-Raum (DACH bezeichnet den deutschsprachigen Raum Europas – manchmal auch D-A-CH geschrieben). Ferienwohnungen machen davon zehn bis 20 Prozent aus, das heißt, 80 bis 90 Prozent dieses Milliardenmarkts liegen aktuell bei der Hotellerie. Du musst dir also überlegen, woher die Aufenthalte kommen, also wer bei dir bucht. Wenn du das richtig machst, nimmst du nicht den anderen Ferienwohnungsanbietern Marktanteile weg, sondern das gesamte Segment sichert sich mehr Marktanteile von der Hotellerie. Das ist der entscheidende Punkt hier, zu dem ich gerne ein persönliches Beispiel geben möchte.

Ich werde oft gefragt, warum ich mir als Coach selbst Konkurrenz mache, indem ich andere Vermieter schule. „Warum schaffst du dir selbst Konkurrenz?", höre ich mir jedes Mal an. Aber diese Leute verstehen das Ganze nicht im Gesamtkontext. Stell dir einen Geschäftsreisenden vor, der nach Augsburg reisen möchte. Er wird wahrscheinlich auf *Booking.com* suchen und typischerweise ein Hotel buchen, weil er bisher immer in Hotels übernachtet hat. Aber vielleicht sind gerade alle guten Hotels ausgebucht und plötzlich sieht er ein professionelles Apartment, das ansprechend präsentiert und schön eingerichtet ist. Der Gast macht mit der Buchung des Apartments bestenfalls eine gute Erfahrung und beim nächsten Mal bucht er aufgrund dieser positiven Erfahrung wieder ein Apartment anstatt eines Hotels. Oder der zufriedene Gast kommt wieder nach Augsburg und weicht auf einen anderen professionellen Apartmentanbieter aus, sollte der Anbieter vom letzten Mal ausgebucht sein. Mit meiner Beratung erweitere ich also den Pool an guten Angeboten, nicht meine Konkurrenz. Die Nachfrage ist ohnehin vorhanden.

Freiheit durch Automatisierung: Was kannst du alles automatisieren?

Die Kurzzeitvermietung hat aufgrund des Automatisierungsgrads, den man erreichen kann, ein enormes Potenzial für ein finanziell unabhängiges Leben. Dabei sind verschiedene Stufen der Automatisierung möglich: Nimm die Reinigung als Beispiel. Natürlich wirst du diese Aufgabe nicht selbst übernehmen, sondern professionelle Reinigungskräfte dafür einstellen. Durch richtige IT-Unterstützung kann automatisch kommuniziert werden, wann und wo sie sauber machen müssen. Zudem kannst du den Check-in-Prozess weitestgehend automatisieren, gegebenenfalls durch elektronische Türschlösser, sodass Gäste eigenständig einchecken können. Dies ist heutzutage für viele Reisende ein großer Pluspunkt.

Für die Kommunikation mit den Gästen kannst du automatische Nachrichten einrichten, damit sie zur richtigen Zeit die notwendigen Informationen erhalten, was Rückfragen minimiert. Solche Nachrichten können von der Buchungsbestätigung bis hin zur Erinnerung an den Check-out reichen und den Gast am Ende sogar um eine Bewertung bitten. Dennoch gibt es immer rund zehn Prozent, die nicht automatisiert werden können – darunter spezielle Fragen von Gästen oder Fälle, bei denen Gäste Informationen übersehen haben. Mit wenigen Wohnungen ist das leicht zu bewältigen. Doch bei einer größeren Anzahl an Apartments musst du diesen kleinen Prozentsatz entweder selbst übernehmen oder jemanden dafür einstellen.

Der Knackpunkt liegt natürlich immer beim Check-in, bei dem vieles schiefgehen kann, vor allem, wenn Gäste die Nachrichten nicht lesen. Je besser du das an dieser Stelle regeln kannst, desto weniger Reibungsverluste gibt es. Natürlich kann ab und zu mal etwas kaputtgehen, aber das passiert überall und in der Regel lässt sich das schnell beheben. Besonders dann, wenn du für diese letzten zehn Prozent etwa einen virtuellen Assistenten integrierst oder eigenes Personal einstellst, sobald du expandierst, so wie es bei uns der Fall ist. Man könnte annehmen, mit über 100 Wohnungen, die wir bei BRIGHT aktuell betreiben, hätte ich ständig alle Hände voll zu tun. Tatsächlich ist es aber so, dass ich aufgrund unseres gut aufgestellten Teams und gut strukturierter Prozesse mit dem alltäglichen Betrieb unserer Apartments kaum noch etwas zu tun habe. Die Zeit, die ich in das Geschäft investiere, widme ich hauptsächlich dem Wachstum und der weiteren Optimierung. Das bereitet mir riesigen Spaß, weshalb ich damit auch viel Zeit verbringe.

Wenn wir jetzt aufhören würden zu wachsen und ich sagen würde: „Das bleibt jetzt erst mal alles so, wie es ist“, dann hätte ich, offen gesagt, nicht mehr viel zu tun. Das bedeutet, den Grad der Freiheit, den man hat, kann man teilweise selbst bestimmen. Wenn man also ein digitales Nomadenleben führen möchte, ist das mit diesem Geschäftsmodell definitiv umsetzbar. Dafür gibt es mehr als nur ein Beispiel. Wir haben andere Kunden, die den Großteil ihres Lebens in Deutschland verbringen und aus privaten Gründen Wohnungen in anderen Ländern betreiben. Sascha zum Beispiel, ursprünglich aus Lübeck, betreibt in Rio de Janeiro erfolgreich Ferienwohnungen. Obwohl er hauptsächlich in Deutschland lebt, kann er dank der Automatisierung seine Apartments von überall aus verwalten. Wenn er die Stadt besucht, stehen seine

Ferienwohnungen ihm und seiner Familie zur Verfügung. Ist er nicht vor Ort, werden sie vermietet. So kombiniert er persönlichen Nutzen mit geschäftlichem Vorteil, ohne ständig vor Ort sein zu müssen. Das verdeutlicht noch einmal das Potenzial dieses Geschäftsmodells!

Skalierbarkeit der Kurzzeitvermietung: Wie weit reicht das Potenzial?

Das liegt allein in deiner Hand und genau das ist das Schöne! Du kannst dir mit ein, zwei, drei Wohnungen ein Nebeneinkommen aufbauen, darüber haben wir bereits gesprochen. Das kannst du dann steigern und 1.000 €, 2.000 €, 3.000 € jeden Monat durch die Wohnungen generieren. Das ist fantastisch, wenn du nicht vorhast, dich damit vollständig selbstständig zu machen. Ebenso kannst du aber auch den Schritt in die Selbstständigkeit wagen, so wie ich es nach der 16. Wohnung getan habe. Das hätte auch früher passieren können, aber zu der Zeit hatte ich viel Freude an meiner Tätigkeit bei der Deutschen Bahn.

Heute weiß ich, dass es die beste Entscheidung meines Lebens war. Das heißt, du kannst dich komplett aus deinem Nine-to-five-Job lösen und dich ganz auf Kurzzeitvermietung fokussieren. Wir haben auch einige Kunden, die diesen Weg gehen. Bei einigen Paaren hat die Frau ihren Job aufgegeben und kümmert sich jetzt nur noch um das Thema *Kurzzeitvermietung*. Oder umgekehrt, der Mann ist ausgestiegen und konzentriert sich ausschließlich auf die Kurzzeitvermietung. Es gibt viele Kunden, die diesen Weg einschlagen. Es bleibt also dir überlassen: Du kannst mit ein oder zwei Wohnungen ein Nebeneinkommen generieren oder den Weg einschlagen, ein größeres Unternehmen aufzubauen.

Was kann die Kurzzeitvermietung dir persönlich bieten?

Erstens ist es ein aufregendes Geschäftsfeld, das wirklich Spaß machen kann. Du hast Kontakt mit Menschen und trägst dazu bei, dass Gäste einen fantastischen Urlaub verbringen. Es gibt viele wunderbare Gästebewertungen, in denen die Kunden sich für ihren schönen Aufenthalt bedanken. Das zu lesen ist einfach großartig! Zweitens ist die Arbeit sehr abwechslungsreich. Als Allrounder deckst du verschiedene Arbeitsbereiche ab. Du bist teilweise im Bereich der Akquise tätig und beschäftigst dich mit Immobilien.

Aber auch das Einrichten einer Wohnung kann sehr erfüllend sein, besonders wenn du eine kreative Ader hast. Dann gibt es noch den operativen Teil, bei dem viel zu koordinieren ist, und den administrativen Bereich, einschließlich der Verwaltungssysteme. Hier kannst du dich voll entfalten, wenn du bedenkst, was heutzutage alles möglich ist. Zuletzt ist natürlich das Finanzielle ein Thema. Wir haben das ja schon einmal grob durchgerechnet: Eine Wohnung bringt dir schätzungsweise einen Überschuss von 1.000 € oder mehr pro Monat vor Steuern ein. Das ist jedoch nach Abzug der Kosten für Reinigung, Strom, Gas, Internet, Miete und Nebenkosten.

Das Schöne daran ist, dass sich dieses Modell replizieren lässt. Sobald du dein System etabliert hast, kannst du es auch für die zweite, dritte und weitere Wohnungen anwenden. Stell dir vor, du hast drei Wohnungen, die jeweils 1.000 € Überschuss generieren – welchen Unterschied würde das für dich persönlich bedeuten? Unter diesen Umständen könntest du vielleicht bald deinen Job kündigen, deine Stunden reduzieren oder hättest zusätzlich ein frei verfügbares Einkommen zum Investieren, Sparen oder zur Finanzierung eines Hauses.

Die Möglichkeiten sind vielfältig. Mit einer steigenden Anzahl von Wohnungen wird dein Spielraum natürlich immer größer. Solltest du ein Einkommen von 10.000 € anstreben, wirst du feststellen, dass es auf dem herkömmlichen Karriereweg nicht viele Positionen gibt, die ein solches Monatseinkommen bieten. Es sei denn, du bist Chefarzt oder ein gefragter Rechtsanwalt. Mit diesem Modell hingegen könntest du dieses Ziel tatsächlich erreichen, indem du die Rechnung einfach hältst: zehn Wohnungen = 10.000 €!

Über den Gastautor

Hendrik Kuhlmann ist mit seiner Marke *BRIGHT* selbst erfolgreicher Betreiber von vielen Serviced Apartments und Hotels in Deutschland. Er hilft mit seiner Beratungsfirma *BNB Pro Hosting* darüber hinaus anderen Menschen dabei, strukturiert in die Kurzzeitvermietung einzusteigen.

6

Dein Mindset. Ja, wirklich!

Du bist, was du denkst

Max saß in seinem Wohnzimmer und starrte nachdenklich aus dem Fenster. Obwohl er die Grundlagen des Immobilieninvestments verstanden hatte und die Vorteile erkannte, kreisten seine Gedanken ständig um mögliche negative Szenarien:

- *Was, wenn ein Mieter die Miete nicht zahlte oder sich als Mietnomade entpuppte?*
- *Was, wenn unerwartete Reparaturen anfielen und hohe Kosten verursachten?*
- *Was, wenn die Bank die Zinsen erhöhte und die Finanzierung ins Wanken geriet?*
- *Was, wenn es Probleme mit anderen Miteigentümern im Haus gäbe?*

Diese Sorgen lähmten Max und ließen ihn an seinem Vorhaben zweifeln. Zufällig rief Tom an. Er spürte sofort, dass mit Max etwas nicht stimmte, und schlug vor, sich auf einen Spaziergang im Park zu treffen.

Als sie nebeneinander hergingen, teilte Max Tom seine Ängste mit. Tom hörte geduldig zu und sagte dann: „Max, ich verstehe deine Bedenken. Es ist normal, dass man vor neuen Herausforderungen Respekt hat. Aber lass uns das Ganze mal aus einer anderen Perspektive betrachten. Stell dir vor, du beginnst ein neues Hobby, sagen wir, das Gärtnern. Da könntest du dir im Vorfeld Sorgen darüber machen, dass deine Pflanzen eingehen, dass Schädlinge sie befallen oder dass das Wetter nicht mitspielt. Aber anstatt dich von diesen Problemen abschrecken zu lassen, konzentrierst du dich darauf, wie du einen wunderschönen Garten erschaffst. Du würdest lernen, wie man richtig anpflanzt, wie man Schädlinge fernhält und welche Pflanzen am besten bei dir gedeihen. Genauso ist es mit Immobilieninvestments.“

Max guckte Tom fragend an. „Wie meinst du das genau?"

Tom fuhr fort: „Anstatt dich auf die potenziellen negativen Aspekte zu fokussieren, konzentriere dich auf die positiven Möglichkeiten und wie du Herausforderungen meistern kannst. Ein positives Mindset bedeutet nicht, die Risiken zu ignorieren, sondern sie zu erkennen und proaktiv Lösungen für sie zu entwickeln. Zum Beispiel: Ergreife in Sachen **Mietausfällen** *vorbeugende Maßnahmen, wie eine sorgfältige Mieterauswahl und den Abschluss von Mietausfallversicherungen. Lege von Anfang an Rücklagen für die Instandhaltung an, um auf* **unerwartete Reparaturen** *vorbereitet zu sein. Plane konservativ und schließe einen Fixzins ab, um dich gegen* **Zinsänderungen** *abzusichern. Pflege eine offene Kommunikation und baue ein gutes Netzwerk auf, um* **Problemen mit den Miteigentümern** *proaktiv entgegen zu wirken. Indem du dich auf Lösungen konzentrierst und dich kontinuierlich weiterbildest, kannst du mit Zuversicht in dein Investment gehen. Deine Gedanken haben eine enorme Macht über deinen Erfolg. Wenn du positiv denkst und an deine Fähigkeiten glaubst, wirst du auch positive Ergebnisse erzielen. Erinnere dich daran, warum du überhaupt mit Immobilieninvestments begonnen hast. Fokussiere dich auf deine Ziele und die Vorteile, die du daraus ziehen kannst. Mit der richtigen Einstellung und Vorbereitung kannst du die Herausforderungen meistern und erfolgreich sein."*

Max nickte nachdenklich. Die Worte seines Freundes gaben ihm neuen Mut. Er erkannte, dass es an ihm lag, seine Perspektive zu ändern und mit einem positiven Mindset an die Sache heranzugehen. Er fühlte sich bereit, die nächsten Schritte mit Zuversicht anzugehen.

Dein Mindset ist entscheidend

Dein Mindset bezeichnet deine innere Einstellung, deine Überzeugungen und Denkmuster, die deine Wahrnehmung, Handlung und Entscheidung lenken. Dein Mindset leitet dich darin, wie du mit Herausforderungen umgehst, auf Rückschläge reagierst und Chancen wahrnimmst. Auch Glaubenssätze, die du von deinen Eltern oder deiner Umgebung gelernt hast, sind Teil deines Mindsets („Ich kann das nicht!", „Ich weiß nicht genug!" oder „Schulden sind schlecht!").

Es gibt unzählige Bücher, Podcasts und Videos zum Thema Mindset. Für erfolgreiches Immobilien-Investment möchten wir uns ein Growth-Mindset antrainieren:

- Deine Intelligenz und Fähigkeiten sind nicht festgelegt, sie können wachsen.
- Lass dich von Fehlern nicht unterkriegen, lerne aus ihnen.
- Sei offen, um Chancen zu sehen und diese zu nutzen.
- Behalte eine langfristige Perspektive: Wachstum braucht Zeit und Ausdauer; kurzfristige Misserfolge bedeuten nicht, dass du langfristig scheiterst.

Vor allem in Bezug auf negative Gedankenspiralen ist das Mindset essenziell. Es unterscheidet die, die jahrelang von ihren Plänen reden und träumen, sich aber nie trauen, sie umzusetzen, von jenen, die auch mit Zweifeln und Ängsten trotzdem oder gerade deswegen ins Tun kommen.

Die größten Hürden beim Immobilienkauf sind nicht, Immobilien zu finden oder die richtige Struktur aufzubauen. Nein, aus unzähligen Mentorings weiß ich, dass die größten Hürden am Anfang einerseits ein falsches Mindset in Bezug auf Schulden ist und andererseits die Angst vor der Umsetzung.

Du kommst im letzten Moment nicht über die Ziellinie. Wie oft habe ich es erlebt: Alles war perfekt – die Wohnung gefunden, der Verkäufer wollte zu einem guten Preis verkaufen, die Finanzierung stand – und dann traust du dich nicht, das Kaufangebot abzugeben oder den Kaufvertrag in Auftrag zu geben. Obwohl alles perfekt war, kommen Deals aus Angst und Zweifel immer wieder nicht zustande. Weitere wichtige Bestandteile des Erfolgs-Mindsets:

- **Selbstverantwortung:** Du bist für dich und deinen Erfolg verantwortlich, nicht deine Umstände, Herkunft oder negative Gedanken. Übernimm Verantwortung für und Kontrolle über deine Entscheidungen.
- **Fokus auf Lösungen:** Versuche, Probleme nicht wie Steine in deinem Weg zu sehen, die dich von deinem Ziel abhalten, sondern als positive Herausforderungen, die es zu lösen gilt.
- **Dein Einflussbereich:** Konzentriere dich auf die Dinge, die du beeinflussen kannst und die in deinem Wirkungsbereich liegen.

Fazit

„*Ob du glaubst, dass du es kannst, oder glaubst, dass du es nicht kannst – du hast immer recht.*“
– Henry Ford

Also glaub an dich selbst, bereite dich gut vor und dann komm ins Handeln!

7
Der Appell an dein Geld

Glaube nur dem,
der es selbst bereits gemacht hat

Eines Abends saßen Max und Tom in ihrer Lieblingspizzeria und unterhielten sich über verschiedene Investitionsmöglichkeiten. Max beugte sich vor und sagte: „Tom, ich habe in letzter Zeit viele Angebote gesehen, die unglaublich hohe Renditen versprechen. Manche wirken fast zu gut, um wahr zu sein. Was hältst du davon?“

Tom nickte. „Es ist wichtig, bei solchen Angeboten vorsichtig zu sein. Oftmals sind unrealistisch hohe Renditeversprechen ein Warnzeichen für unseriöse oder sogar betrügerische Angebote. Man sollte stets hinterfragen, wie solche Renditen erzielt werden sollen und ob das Geschäftsmodell dahinter plausibel ist.“

Max runzelte die Stirn. „Aber wie kann ich sicher sein, dass ich mein Geld in die richtigen Hände gebe?“

„Ein guter Ansatz ist, nur denen zu vertrauen, die nachweislich erfolgreich in dem sind, was sie anbieten“, erklärte Tom. „Suche nach Anbietern oder Beratern mit einer transparenten Erfolgsbilanz. Achte darauf, ob sie bereit sind, ausführliche Informationen bereitzustellen.“

„Und was ist, wenn jemand Druck ausübt und sagt, ich müsse schnell investieren, um das Angebot nicht zu verpassen?“, fragte Max.

„Das ist ein weiteres Warnsignal“, warnte Tom. „Seriöse Investitionsmöglichkeiten erfordern keine überstürzten Entscheidungen. Lass dich nicht drängen. Nimm dir die Zeit, alle Informationen sorgfältig zu prüfen und gegebenenfalls unabhängigen Rat einzuholen.“

Max nickte nachdenklich. „Ich verstehe. Es ist also besser, vorsichtig zu sein und gründlich zu prüfen, bevor man investiert.“

„Genau“, bestätigte Tom. „Und denke daran: Wenn etwas zu schön klingt, um wahr zu sein, ist es das meistens auch. Es ist besser, auf Nummer sicher zu gehen und in bewährte und transparente Projekte zu investieren, wie Immobilien, bei denen du den Wert und das Potenzial mittlerweile selbst beurteilen kannst.“

Mit diesen Worten lehnte sich Max zurück und fühlte sich besser gerüstet, um zukünftige Investitionsentscheidungen mit Bedacht und Vorsicht anzugehen.

Nichts überstürzen

Auch wenn du nur dieses Kapitel liest, setze ich mit den folgenden Zeilen hoffentlich einen Gedankenanker, der dich bei deinen zukünftigen Investments und Immobilienkäufen umsichtig agieren lässt. Es ist schließlich dein eigenes, hart verdientes Geld, mit dem du hier arbeitest.

In der Investmentbranche gibt es leider stets schwarze Schafe – ganz gleich, ob es um Immobilien, Aktien, Kryptowährungen oder die klassischen „Schnell-reich-werden"-Betrügereien im Internet geht. Besonders als Anfänger ist man anfällig für solche Fallen. Du denkst jetzt vielleicht: „Das passiert doch nur den anderen, mir nicht." Doch glaub mir: Es kann auch dich treffen. Deshalb möchte ich dir zwei wichtige Tipps geben, um Betrügereien zu vermeiden:

1. **Ist das Angebot zu gut, um wahr zu sein?**
   – Klingt es unrealistisch?
2. **Hat die Person Erfahrung?**
   – Wo sind die konkreten Beweise dafür?

Der zweite Punkt wird zunehmend schwieriger, da heute alles im Internet gefälscht werden kann – von Testimonials bis zu vermeintlichen Kundengesprächen. Das Ziel der Betrüger-Banden ist oft das schnelle Geld, jedoch nicht für dich, sondern für sie.

Deshalb vertraue auf dein Bauchgefühl und überprüfe diese beiden Punkte mit allen Mitteln, die dir zur Verfügung stehen. Auch wenn du jemanden gut kennst und vertraust, frage dich: Ist das Angebot realistisch? Ist er bereits erfolgreich gewesen in seinem Tun? Wo sind die Beweise? Hier sind **fünf konkrete Schritte** zur Überprüfung, ob ein Angebot echt und realistisch ist:

Schritt 1 – Angebote kritisch hinterfragen

Sei ruhig misstrauisch bei Angeboten, die zu gut erscheinen, um wahr zu sein. Unrealistisch hohe Renditeversprechen oder Druck, schnell zu investieren, sind Warnsignale. Seriöse Anbieter geben dir ausreichend Zeit für Entscheidungen und stellen umfassende Informationen bereit.

Schritt 2 – Berechtigungen und Daten des Anbieters

Stelle sicher, dass der Anbieter die notwendigen Gewerbeberechtigungen oder Lizenzierungen hat und dass die Daten des Anbieters korrekt sind.

Schritt 3 – Transparenz des Anbieters

Ein seriöser Anbieter stellt klare Informationen über sein Unternehmen und seine Dienstleistungen zur Verfügung. Ein vollständiges Impressum mit Kontaktdaten und die Nennung verantwortlicher Personen sind dabei unerlässlich.

Schritt 4 – Erfahrungsberichte und Bewertungen einholen

Suche nach unabhängigen Bewertungen und Erfahrungsberichten anderer Kunden. Achte jedoch darauf, dass diese aus verlässlichen Quellen stammen und nicht gefälscht sind. Lies dazu nicht nur Rezensionen auf der eigenen Website des Anbieters, sondern auch aus öffentlichen Bewertungsportalen wie *Google*, *Trustpilot*, *ProvenExpert* und Co.

Schritt 5 – Beratung durch Fachleute suchen

Bei Unsicherheiten kann es hilfreich sein, Rat von anerkannten Beratungsstellen oder von anderen Profis auf diesem Fachgebiet einzuholen. Bist du dir nicht sicher, ob ein Angebot echt ist, befrage gerne das Schwarmwissen der *Immo Mentor Community*. Einige hundert Leute, die unabhängig voneinander auf ein Angebot blicken, schaffen meist schnell Klarheit darüber, ob ein Angebot realistisch und echt ist.

Bei Immobilien sind mir Betrugsversuche bisher nicht passiert. Wenn du in physische Immobilien investierst, ist das auch eher unwahrscheinlich, schließlich kannst du sie besichtigen, anfassen und ihren Zustand prüfen. Hier kommt die Due Diligence ins Spiel, damit dir weder der Zustand noch die Eigentümerverhältnisse der Immobilie vorgegaukelt werden. Genau das wirst du in diesem Buch lernen.

Fazit

Beachte immer:

1. **Ist das Angebot zu gut, um wahr zu sein?**
   – Klingt es unrealistisch?
2. **Hat die Person Erfahrung?**
   – Wo sind die konkreten Beweise dafür?

Nun widmen wir uns aber der wichtigsten Immobilie – deiner ersten!

8

Deine Ziele und deine wichtigste Wohnung

Das Perfekte ist der Feind des Guten

Max hatte in den vergangenen Wochen intensiv über seine finanziellen Ziele nachgedacht und war entschlossen, seine erste Immobilie zu erwerben. Er wusste, dass dieser Schritt entscheidend für seinen zukünftigen Erfolg sein würde. Er gab sich einen Ruck und rief Tom an. „Tom", begann Max am Telefon. „Ich habe viel über unsere letzten Gespräche nachgedacht. Ich möchte wirklich in Immobilien investieren, aber ich bin mir nicht sicher, wie ich meine Ziele definieren soll und warum die erste Wohnung so wichtig ist."

Tom war begeistert. „Max, es freut mich zu hören, dass du diesen Weg einschlagen möchtest. Die Festlegung klarer Ziele ist der erste und vielleicht wichtigste Schritt auf deiner Reise als Immobilieninvestor. Ohne ein klares Ziel vor Augen ist es schwer, den richtigen Kurs zu fahren."

„Aber wie setze ich mir die richtigen Ziele?", fragte Max.

„Zunächst solltest du dir überlegen, was du mit deinen Investitionen erreichen möchtest", erklärte Tom. „Möchtest du ein zusätzliches Einkommen generieren, für deine Rente vorsorgen oder langfristig Vermögen aufbauen? Deine Ziele bestimmen deine Strategie und die Art der Immobilien, in die du investieren solltest."

Max nickte nachdenklich. „Das ergibt Sinn. Und warum ist die erste Wohnung so entscheidend?"

„Weil sie dein Einstieg in die Welt der Immobilieninvestitionen ist", antwortete Tom. „Mit ihr legst du den Grundstein für deine zukünftigen Projekte, denn du sammelst wertvolle Erfahrungen, lernst den Markt kennen und baust Vertrauen in deine Fähigkeiten auf. Ein erfolgreicher Start kann dir den Mut und die Mittel geben, weiterzumachen und dein Portfolio zu erweitern."

„Ich verstehe", sagte Max. „Es geht also darum, mit Bedacht zu starten und aus den Erfahrungen zu lernen."

„Genau", bestätigte Tom. „Setze dir klare, erreichbare Ziele und wähle deine erste Immobilie sorgfältig aus. Sie wird dir als Sprungbrett dienen und den Weg für zukünftigen Erfolg ebnen."

Max fühlte sich ermutigt und motiviert. Mit Toms Ratschlägen im Hinterkopf war er dazu bereit, den ersten Schritt in Richtung Immobilieninvestition zu wagen und seine finanziellen Ziele in die Tat umzusetzen.

Unperfekt begonnen ist besser als perfekt gewartet

Diese Devise gilt besonders beim ersten Immobilienkauf. Deine erste Wohnung wird nicht dein perfektes Investment sein, aber sie wird definitiv das Wichtigste sein. Die erste Wohnung ist deine persönliche Eintrittskarte in die Immobilienwelt, und darum geht es: Erfahrungen sammeln, Prozesse kennenlernen und in das Thema eintauchen. Die erste Immobilie ist dein **Ankerinvestment**. Sie ist der Startpunkt – ob du Immobilien als Altersvorsorge oder als professionelle Einkommensquelle nutzt. Es wird Rückschläge und Hindernisse geben, aber Durchhalten lohnt sich.

Frag ruhig erfahrene Investoren nach Rat. Viele sind gerne bereit zu helfen, und ein Mentoring kann den Unterschied machen, gerade wenn es um das Vertiefen von Wissen geht. Ich sehe selbst immer wieder, wie bahnbrechend manche für mich mittlerweile selbstverständliche Dinge für meine Mentees sind, da diese Dinge mir bereits in Fleisch und Blut übergegangen sind. Die Selbstverständlichkeiten des einen sind die Wunder des anderen.

Ähnlich wie bei Fitness oder dem Erlernen eines Instruments ist es schwer, falsche Techniken später zu korrigieren. Auch bei Immobilien kann ein falsches Mindset, wie „Alle Schulden sind schlechte Schulden", hinderlich sein. Deshalb ist es wichtig, von Anfang an die richtigen Schritte zu gehen.

Wie kommst du nun zur ersten Immobilie und was musst du bis dahin Step-by-Step lernen?

Zu Beginn deiner Immobilienreise ist es wichtig, dein Ziel und dein persönliches Suchprofil zu definieren. Die Immobilienreise ist sehr individuell. Jeder kommt aus anderen

Verhältnissen, hat unterschiedliche Mittel zur Verfügung und hat andere Ziele und Bedürfnisse, die es zu erfüllen gilt.

Ich bin zwar ein großer Fan davon, aus der Komfortzone hinauszugehen und Ängste zu überwinden (und vielleicht auch mal ein größeres Investment zu tätigen, das ein wenig Furcht einflößend ist), jedoch sollte man nicht so große Risiken eingehen, dass man deswegen nicht mehr schlafen kann. Hier sind deine ersten Schritte:

Schritt 1 – Definiere deine Ziele

- Möchtest du Immobilien als Altersvorsorge nutzen? Wenn ja, wie viel Vermögen willst du bis zum Ruhestand haben?
- Willst du hauptberuflich investieren? Wenn ja, in welchem Geschäftsmodell und welchem Bereich hast du Interesse oder Expertise?

Schritt 2 – Dein Soll-Zustand: Transformation

- Wie soll dein Leben in Zukunft aussehen?
- Was ist der Soll-Zustand im Vergleich zu deinem aktuellen Ist-Zustand?

Schritt 3 – Dein geografischer Rahmen

- In welcher Region möchtest du investieren?
- Wo hast du das meiste Wissen und gute Kontakte?

Schritt 4 – Dein finanzieller Rahmen

- Wie viel Eigenkapital kannst du aufbringen?
- Hast du andere Assets oder Ersatzmittel, die du verwenden kannst (abbezahlte Immobilien, Aktien, Unternehmensbeteiligungen …)?
- Hast du einen möglichen Bürgen (Familie, Eltern, Ehepartner …)?

Schritt 5 – Dein zeitlicher Rahmen

- Wie viel Zeit kannst oder möchtest du aufbringen?
- Möchtest du Immobilien als Hobby bzw. zur Altersvorsorge betreiben oder möchtest du Vollzeit in Immobilien investieren?

Schritt 6 – Dein zeitlicher Horizont

Speziell, wenn du für die Altersvorsorge in Immobilien investierst:

- Wie viele Jahre hast du noch bis zum Ruhestand bzw. wann benötigst du das Geld aus deinen Immobilieninvestments?
- Hast du noch zehn, zwanzig, dreißig oder mehr Jahre zur Verfügung?

Wenn du diese Fragen für dich beantwortest, hast du schon einen großen Schritt getan. Es geht nicht darum, sofort perfekte Antworten zu haben, sondern darum, anzufangen. Und denke groß! Setze dir ehrgeizige Ziele. Wenn du es schaffst, drei von fünf geplanten Wohnungen zu kaufen, ist das besser, als nur eine von zwei geplanten zu kaufen. Wenn du bereits fortgeschritten bist, setze dir ruhig dein 10X Ziel. Wenn du beispielsweise bereits drei Wohnungen besitzen solltest, setz dir als nächstes 30 als Ziel und sieh zu, was passiert. Ich bin mir sicher, dein Output wird besser sein, als wenn du dir ein zu kleines Ziel steckst.

Worksheet:

Im Classroom der kostenfreien *Immo Mentor Community* findest du eine Vorlage zum Worksheet zum Thema „Meine Immobilienziele".

In den nächsten Kapiteln werden wir Schritt für Schritt alle Stationen beleuchten, die du für den erfolgreichen Start als Immobilieninvestor und den Kauf deiner ersten Immobilie benötigst.

9

Die Standortwahl und das Zukunfts-Rendite-Verhältnis

Ein guter Standort ist keine Momentaufnahme,
sondern eine Investition in die Zukunft

Max und Tom schlenderten durch das Viertel, in dem sie aufgewachsen waren. Die vertrauten Straßen und Häuser weckten viele Erinnerungen. Als sie an einem renovierten Altbau vorbeikamen, blieb Max stehen und betrachtete das Gebäude nachdenklich.

„Tom, ich habe über unsere letzten Gespräche nachgedacht", begann er. „Du hast oft betont, wie wichtig der Standort bei Immobilieninvestitionen ist. Aber was genau macht einen Standort richtig oder falsch?"

Tom lächelte. „Das ist eine hervorragende Frage, Max. Der Standort einer Immobilie ist entscheidend für ihren Wert und ihre Rentabilität. Es gibt verschiedene Faktoren, die dabei eine Rolle spielen."

Sie setzten ihren Spaziergang fort, und Tom zeigte auf verschiedene Gebäude in der Umgebung. „Schau dir dieses Haus dort an", sagte er und wies auf ein Mehrfamilienhaus in der Nähe einer belebten Straße. „Es liegt in der Nähe von öffentlichen Verkehrsmitteln, Geschäften und Schulen. Solche Merkmale erhöhen die Attraktivität für potenzielle Mieter oder Käufer."

Max nickte und erinnerte sich an die vielen Male, die er als Kind den Bus an der Ecke genommen hatte. Die beiden gingen ein Stück schweigend weiter. „Und dort drüben", fuhr Tom fort und zeigte auf ein anderes Gebäude, „das ist ein schönes Haus, aber es liegt direkt neben einer lauten Fabrik. Solche Faktoren können den Wert einer Immobilie mindern."

Max dachte nach. „Also geht es nicht nur darum, in welcher Stadt oder welchem Viertel eine Immobilie liegt, sondern auch um die genaue Umgebung?"

„Genau", bestätigte Tom. „Man spricht oft von Makro- und Mikrolage. Die Makrolage bezieht sich auf die Stadt oder

Region, die Mikrolage auf die unmittelbare Umgebung der Immobilie. Beide sind wichtig."

Sie blieben vor einem neu errichteten Wohnkomplex stehen, der moderne Apartments beherbergte. „Ein weiterer Punkt ist die zukünftige Entwicklung des Standorts", erklärte Tom. „Gibt es Pläne für neue Infrastrukturprojekte? Wie entwickelt sich die Bevölkerungszahl? Solche Informationen können Hinweise darauf geben, ob der Wert einer Immobilie steigen wird."

Max schaute sich um und bemerkte ein Schild, das den Bau einer neuen U-Bahn-Linie ankündigte. „Ich verstehe", sagte er. „Es geht also darum, sowohl die aktuellen Gegebenheiten als auch die zukünftigen Entwicklungen zu berücksichtigen."

„Richtig", antwortete Tom. „Und es ist wichtig, gründliche Recherchen zu betreiben und den Standort sorgfältig zu analysieren, bevor man investiert. Eine fundierte Standortanalyse kann den Unterschied zwischen einer erfolgreichen Investition und einem Fehlkauf ausmachen."

Max fühlte sich ermutigt. „Danke, Tom. Deine Erklärungen helfen mir wirklich, die Komplexität von Immobilieninvestitionen besser zu verstehen."

„Immer gerne, Max", sagte Tom. „Denk daran, die Lage ist einer der wichtigsten Faktoren beim Immobilienkauf. Mit dem richtigen Wissen und der richtigen Herangehensweise kannst du erfolgreiche Investitionen tätigen."

Der Standort: Der entscheidende Faktor für den Erfolg im Immobilieninvestment

Der Standort ist einer der wichtigsten Faktoren beim Immobilieninvestment, da er maßgeblich den Wert, die Nachfrage und die langfristige Entwicklung der Immobilie beeinflusst. Er bestimmt nicht nur den aktuellen Wert, sondern bildet auch die Grundlage für die zukünftige Wertsteigerung und Rendite.

Das Zukunfts-Rendite-Verhältnis

Bevor wir uns der konkreten Bewertung von Lagen widmen, möchte ich ein grundlegendes Prinzip erläutern: das Verhältnis zwischen einem zukunftssicheren und einem renditestarken Standort. Zukunftssichere Standorte (A-Lage), beispielsweise München, sind häufig nicht besonders renditestark. In solchen Lagen wirst du es schwer haben, mit deinem Investment Cashflow-positiv zu sein.

Im Gegensatz dazu erscheinen die Renditen in weniger zukunftssicheren Städten oft sehr attraktiv und verlockend. Allerdings gilt: Je höher die Rendite, desto schwieriger ist es oft, einen zuverlässigen Mieter zu finden. Dies kann zu längeren Leerständen oder Mietausfällen führen – insbesondere bei schlechteren Lagen mit teils problematischen Mietern. Ich möchte die Situation hier nicht zu negativ darstellen, sondern dich darauf hinweisen, dass du bei Investitionen in weniger begehrten Lagen (auch D-Lagen genannt) vorsichtig sein solltest, auch wenn die Rendite auf dem Papier verlockend erscheint.

Der Sweetspot in der Zukunfts-Rendite-Matrix

Unser Ziel als Investoren sollte es sein, den sogenannten Sweetspot in der Zukunfts-Rendite-Matrix zu finden. An diesem Punkt erzielen wir eine solide Rendite, während wir gleichzeitig das Risiko von Leerständen und Mietausfällen minimieren. Ein wesentlicher Bestandteil der Risikominimierung ist Wissen. Je besser du dich mit einem bestimmten Markt auskennst, desto geringer ist das Risiko. Und genau deswegen liest du dieses Buch. Im Idealfall möchten wir uns von Anfang an eher auf der Seite der Zukunftssicherheit und weniger auf der risikobehafteten Seite positionieren.

Investieren in vertraute Märkte

Wenn du in Lagen investierst, die du gut kennst – sei es dein Heimatort oder eine größere Stadt – reduzierst du das Risiko erheblich. Ballungsräume bieten zudem häufig höhere Mietpreise als ländliche Regionen, was dein Renditepotenzial weiter verbessert.

Ein besonders wichtiger Faktor bei der Wahl des Standorts ist die Bevölkerungsentwicklung. Die langfristige Perspektive einer Region hängt oft maßgeblich von ihrem Wachstumspotenzial ab. Ein stabiler oder wachsender Bevölkerungszuwachs ist in der Regel ein gutes Zeichen für die Wertentwicklung der Immobilie.

Die Makrolage – Dein Investitionsstandort

Die Makrolage umfasst die Umgebung der Immobilie, von der Region oder Stadt bis zu wirtschaftlichen und demografischen Faktoren. Wichtige Kennzahlen und Daten findest du am Ende von Objekt-Exposés, doch nicht jeder Makler bereitet sie individuell auf. Moderne Programme liefern diese Informationen automatisch, aber es lohnt sich, selbst zu prüfen, ob sie aktuell und korrekt sind, etwa durch einen Lokalaugenschein. Achte hinsichtlich der Makrolage auf:

1. **Bevölkerungsentwicklung:** Zuzug oder Abwanderung – wächst oder schrumpft die Region? Diese Frage ist entscheidend für die langfristige Vermietbarkeit. In Städten mit Zuzug ist dies meist unproblematisch. Informationen findest du bei Gemeinden und online (zum Beispiel bei Statistischen Ämtern).
2. **Wirtschaftskraft:** Gibt es starke Arbeitgeber oder neue Unternehmen in der Region? Eine starke Wirtschaftsstruktur sorgt für stabile Arbeitsplätze und eine hohe Nachfrage nach Wohnraum.
3. **Verkehrsanbindung und Infrastruktur:** Ist die Region gut an den öffentlichen Nahverkehr oder wichtige Verkehrsachsen angebunden? Eine gute Erreichbarkeit mit Auto, Bahn oder Flugzeug steigert die Attraktivität.
4. **Erwerbslosigkeit:** Sinkt oder steigt die Erwerbslosigkeit in der Region? Ein temporärer Anstieg, etwa durch eine Pandemie, ist unproblematisch, während ein dauerhaft hohes Niveau die Region belasten könnte.
5. **Arbeitgeberstruktur:** Gibt es viele diverse Arbeitgeber oder nur wenige große? Eine Abhängigkeit von einem Arbeitgeber mit regionalem Monopol kann riskant sein, wenn dieser sich zurückzieht oder in wirtschaftliche Schwierigkeiten gerät. Sind diese Arbeitgeber hier, um zu bleiben (wie bei Flughäfen oder Universitäten) oder gibt es große Arbeitgeber aufgrund vorübergehender großer Bauprojekte oder ähnlichen temporären Großprojekten?

6. **Sicherheit und Kriminalität:** Wie hoch ist die Kriminalitätsrate? Besonders bei Investitionen im Ausland solltest du auch die politische und rechtliche Stabilität sowie die Verlässlichkeit des Grundbuchs prüfen.

Diese sechs Faktoren sind essenziell bei der Wahl des Standorts. Die folgenden Punkte sind besonders langfristig relevant:

1. **Politische Rahmenbedingungen:** Welche Partei regiert? Wie stabil ist die politische Lage und welche Richtung könnte sie künftig einschlagen?
2. **Gesetzeslage:** Wie sind die rechtlichen Rahmenbedingungen für Vermietung und Steuern? Gibt es bevorstehende gesetzliche Änderungen, etwa zur Mietpreisbremse oder Steuergesetzgebung (Stichwort: Mietendeckel)?
3. **Umwelt:** Welche Umweltfaktoren spielen eine Rolle? Gibt es nahegelegene Industrieanlagen oder Emissionen, die die Lebensqualität beeinträchtigen könnten und zu Abwanderungen führen?

Einige dieser Kriterien beeinflussen einander, was sowohl positive als auch negative Auswirkungen auf die Investitionsentscheidung haben kann.

Die Mikrolage

Die Mikrolage wird oft genauso bewertet wie die Makrolage, jedoch mit einem stärkeren Fokus auf Details. Hier betrachtet man den Standort im kleineren Rahmen und prüft spezifische Faktoren, die den Wert und die Lebensqualität beeinflussen.

1. **Stadtteil (Bezirk/Kiez)**: Wie sicher und attraktiv ist der Stadtteil? Oft machen nur wenige Straßen oder Häuserblöcke den Unterschied zwischen guter oder schlechter Vermietbarkeit.
2. **Stadtentwicklung:** Gibt es geplante Entwicklungen in der Umgebung, wie neue Unternehmen oder Verbesserungen der Infrastruktur, zum Beispiel Grünflächen, öffentliche Plätze? Diese können den Wert der Immobilie langfristig steigern.
3. **Verkehrsanbindung:** Wie gut ist das Objekt an den öffentlichen Verkehr angebunden? Befinden sich U-Bahn-, Straßenbahn- oder Bushaltestellen in unmittelbarer Nähe? Eine nahe Straßenbahnstation kann vorteilhaft sein, jedoch sollte man auf mögliche Lärmbelästigung achten. Künftige Haltestellen oder eine geplante U-Bahn-Station könnten den Wert erheblich steigern.
4. **Arbeitgeber:** Welche Unternehmen sind in der Nähe? Gibt es Universitäten, Krankenhäuser oder große Firmen in der Umgebung?
5. **Versorgung:** Wie gut ist die Infrastruktur in Bezug auf Einkaufsmöglichkeiten, Gesundheitsdienste und Bildungseinrichtungen (Supermärkte, Ärzte, Apotheken, Schulen, Kindergärten)?
6. **Freizeitangebote:** Welche Freizeitmöglichkeiten gibt es in der Nähe? Dazu zählen Fitnesscenter, Schwimmbäder, Parks oder Naherholungsgebiete.
7. **Sicherheit:** Wie sicher ist die Umgebung? Gibt es Probleme mit Kriminalität oder wird die Gegend als sicher wahrgenommen? Auch die Sicherheit von nahegelegenen Schulen spielt eine Rolle.

Fazit

Um die Mikrolage wirklich zu verstehen, ist es hilfreich, mit Anwohnern und lokalen Geschäftsinhabern zu sprechen. Diese kennen die Gegend oft besser als jeder Stadtplan und können wertvolle Einblicke geben.

Risiken minimieren

Besonders bei deinem ersten Investment ist es wichtig, Risiken zu verringern. Ein guter Standort schützt vor Wertverlust, da Immobilien in Top-Lagen selbst in Krisenzeiten stabiler bleiben als solche in weniger gefragten Gebieten. Wie Friedrich Schiller schon 1799 sagte: „Drum prüfe, wer sich ewig bindet.“ Zwar nicht auf Ewigkeit, aber oft auf Jahrzehnte bindet man sich beim Immobilienkauf. Ein guter Standort steigert den Erfolg, ein schlechter kann langfristige Verluste verursachen. Daher ist eine sorgfältige Standortprüfung vor dem Kauf unerlässlich.

10

Die Suche und Akquisestrategien

Sucher suchen, Finder finden

Max und Tom saßen an einem sonnigen Samstagnachmittag in ihrem Lieblingscafé und genossen die entspannte Atmosphäre. Max, der in den vergangenen Monaten zunehmend Interesse an Immobilieninvestitionen entwickelt hatte, wandte sich nachdenklich an seinen Freund. „Tom, du hast mir so viel über die Bedeutung des Standorts und die Suche nach der richtigen Immobilie beigebracht. Aber jetzt frage ich mich: Wie finde ich eigentlich die passende Immobilie? Der Markt kommt mir riesig vor und ich weiß gar nicht, wo ich anfangen soll."

Tom antwortete: „Das ist eine ausgezeichnete Frage! Die Suche nach der richtigen Immobilie kann überwältigend wirken, aber mit der richtigen Herangehensweise wird sie deutlich einfacher. Es gibt verschiedene Strategien, die du anwenden kannst, um erfolgreich zu sein." Er lehnte sich zurück und begann zu erklären: „Zunächst einmal ist es wichtig, dass du dir im Klaren über deine Kriterien bist. Was suchst du genau? Welche Art von Immobilie passt zu deinen Zielen? Sobald du das definiert hast, kannst du gezielt suchen."

„Und wo genau sollte ich suchen?", fragte Max neugierig.

„Es gibt verschiedene Wege", erwiderte Tom. „Online-Portale sind ein guter Startpunkt. Plattformen wie ImmoScout24 und Co. bieten eine Vielzahl von Angeboten. Aber beschränke dich nicht nur darauf. Nutze auch lokale Zeitungen, Netzwerke und sogar soziale Medien. Manchmal sind die besten Angebote diejenigen, die nicht öffentlich inseriert sind."

Max nickte nachdenklich. „Das klingt logisch. Aber wie erkenne ich, ob eine Immobilie wirklich das Potenzial hat, das ich suche?"

„Hier kommt deine Recherche ins Spiel", erklärte Tom. „Analysiere den Markt, prüfe vergleichbare Objekte und achte auf

Faktoren wie Lage, Zustand und Preis. Es ist auch hilfreich, sich mit Experten auszutauschen oder einen Makler oder andere Investoren zu konsultieren, die den lokalen Markt kennen."

„Also ist es eine Kombination aus klaren Zielen, vielfältigen Suchstrategien und gründlicher Analyse?", fasste Max zusammen.

„Genau", bestätigte Tom. „Und denke daran: Sucher suchen, Finder finden. Mit der richtigen Einstellung und Herangehensweise wirst du die passende Immobilie entdecken."

Max fühlte sich bekräftigt und motiviert. „Danke, Tom. Ich werde diese Tipps beherzigen und mich gleich an die Arbeit machen."

Tom ermutigte ihn: „Ich bin sicher, du wirst erfolgreich sein. Und vergiss nicht, der Weg ist genauso wichtig wie das Ziel. Jede Erfahrung wird dich weiterbringen."

Mit neuem Elan machte sich Max daran, seine Immobiliensuche zu starten, fest entschlossen, nicht nur zu suchen, sondern auch zu finden.

Sucher suchen, Finder finden

Die Immobiliensuche kann sowohl aufregend im positiven als auch im negativen Sinn sein. Das Motto „Sucher suchen, Finder finden“ habe ich selbst verinnerlicht und versuche, mich regelmäßig daran zu erinnern – oder wie es heute häufig heißt, mich zu primen, mich also im positiven Sinne darauf einzustellen, eine Immobilie zu FINDEN. Doch am Ende des Tages ist Disziplin wichtiger als Motivation. Motivation ist ein Gefühl. Manchmal ist man motiviert und manchmal nicht. Wenn man die nötige Disziplin mitbringt, wird man erfolgreich sein. Trotzdem – wer über die klassische Altersvorsorge (ein bis fünf Wohnungen) hinaus investieren möchte, sollte eine echte Leidenschaft für Immobilien entwickeln. Diese Leidenschaft wächst oft über Jahre hinweg, wie es auch bei mir der Fall war.

Die Suche und Besichtigung von Immobilien kann ein aufregender und sinnvoller Zeitvertreib sein, weitaus spannender als *Netflix* & Co. Doch wie alles im Leben hat auch die Immobiliensuche ihre Schattenseiten. Nicht alles, was glänzt, ist Gold. Es kommt immer wieder vor, dass man sich zu sehr unter Druck setzt und das Gefühl hat, „endlich etwas kaufen zu müssen“. Nicht selten ist es wie beim Kinderwunsch: Der Druck wächst, und erst wenn man ihn loslässt, erfüllt sich der Wunsch plötzlich doch. Die Immobiliensuche kann eine herausfordernde und knifflige Angelegenheit sein. Auch ich habe oft hunderte Objekte geprüft und besichtigt, aber trotz seriöser Angebote und Finanzierungsnachweisen keinen Zuschlag erhalten. Das kann frustrierend sein. Doch wenn der Druck nachlässt und man sich denkt: „Es klappt eben gerade nicht“, taucht plötzlich die perfekte Immobilie auf. Wie sagt man so schön? Unverhofft kommt oft – auch bei Immobilien.

Aber wie lange soll ich mir nun Zeit lassen, um meine erste Wohnung zu finden?

Eine Faustregel, die sich in meinen Mentorings bewährt hat: drei bis sechs Monate. Manche finden auch schon nach wenigen Tagen die passende Wohnung, wenn das Suchprofil präzise definiert ist. Der Markt und die Konkurrenz spielen ebenfalls eine Rolle, aber das sollte nicht als Ausrede dienen, sich auf die faule Haut zu legen.

Die Immobiliensuche erfordert Zeit und Einsatz, aber dank Suchagenten und zahlreicher Online-Tools, kann man sich technische Helfer zunutze machen. Zusätzlich gibt es viele andere Wege der Immobilienakquise, die wir im Folgenden besprechen werden.

Der wichtigste Tipp

Erzähle jedem, dass du in Immobilien investierst. Ich habe viele gute Deals gemacht, weil Bekannte und Freunde wissen, dass ich Immobilien kaufe und schnelle Abwicklungen ermögliche.

Online-Akquise (On-Market)

On-Market bezeichnet Immobilien, die öffentlich online verfügbar sind. In Deutschland sind *Immoscout24*, *Immowelt* und *Kleinanzeigen* die größten Portale, in Österreich *Immoscout24* und *Willhaben*. Diese Plattformen decken etwa 95 Prozent der online verfügbaren Immobilien ab. Die restlichen fünf Prozent sind manchmal auf kleineren Plattformen zu finden, da manche Verkäufer hier kostenfrei inserieren. Hier eine kleine Übersicht über die wichtigsten Plattformen in Österreich und Deutschland:

Österreich	Deutschland
ImmoScout24.at	*ImmoScout24.de*
Willhaben.at	*Immowelt.de*
Immowelt.at	*kleinanzeigen.de*
Immodirekt.at	*Immonet.de*
Immobilien.net	*Wunschimmo.de*
Immmo.at	*My-next-home.de*
wohnnet.at	*Immopool.de*
Immobilien.derstandard.at	*athome.de*
Immo.kurier.at	*bellevue.de*
A-immobilienmarkt.at	*immoweb.de*
	nestoria.de

Neben den Plattformen gibt es natürlich noch unzählige Webseiten von Maklern, auf denen ebenfalls Immobilien gelistet sind. Diese führe ich hier nicht an, da Angebote von Maklern auch immer auf den bekannten Plattformen zu finden sind.

Suchagenten

Suchagenten auf gängigen Plattformen sind eine enorme Zeitersparnis und ein wesentlicher Erfolgsfaktor bei der Immobiliensuche. Sie liefern täglich aktuelle Ergebnisse und helfen, eine Routine zu entwickeln, die den Lernprozess beschleunigt. In Kombination mit einem Mentoring und einer guten Community kann man dadurch schnell viel Wissen aufbauen und anwenden.

Ich selbst schaue täglich nach meiner Morgenroutine die aktuellen Ergebnisse der Suchagenten an und sortiere diese aus. Manchmal gibt es keine passenden Objekte, dann ist das Screening in fünf Minuten erledigt. An anderen Tagen finde ich zwei bis drei interessante Immobilien, die ich genauer prüfe. Ich schaue mir die Detailseiten an, um zu entscheiden, ob die Objekte weiterhin interessant sind. Gegebenenfalls fordere ich dann weitere Unterlagen beim Verkäufer oder Makler an.

Beispiel für eine Anfrage an den Makler

Sehr geehrte/r Herr/Frau Mustermakler,

Ich interessiere mich für Ihr Objekt Musterobjekt in der Musterstraße und würde mich freuen, Sie bei der Besichtigung persönlich kennenzulernen.

Vorab bitte ich Sie, mir folgende Unterlagen zu senden:

- *Exposé (falls noch nicht erhalten)*
- *Grundbuchauszug*
- *Betriebskostenabrechnung und aktuelle Vorschreibung*
- *Energieausweis*
- *Teilungserklärung (DE) (Nutzwertgutachten in AT)*
- *Grundriss bzw. Planunterlagen*
- *Protokolle der letzten 2-3 Eigentümerversammlungen*
- *Höhe der Rücklagen*
- *Mietvertrag (falls vermietet)*

Bitte senden Sie mir auch gerne 2 oder 3 Terminvorschläge für eine Vor-Ort-Besichtigung zu.

Mit freundlichen Grüßen
Max Mustermann

Mit Profi-Tools schneller ans Ziel

Spare 25 Prozent bei *Soldd*:

Hier möchte ich dir einen Überblick über kostenpflichtige Wunder-Tools geben. Ein paar davon habe ich auch persönlich im Einsatz.

- *Soldd* (AT/DE) – mein persönliches Profi-Suchtool
- *ImmoService Austria* (AT, für Bauträger)
- *Immometrica.de* (DE/AT)
- *ImmoUnited* (AT, für Bauträger)
- *Geomap* (DE/AT)
- *Pricehubble* (DE/AT)
- *Homeday.de* (DE)
- *Sprengnetter* (AT/DE, Banken & Profis)
- *ImmAzing* (AT, Banken & Profis; in *Soldd* integriert)

Aber auch grundsätzlich kostenfreie Immobiliensuchmaschinen wie *ImmoScout24* springen zunehmend auf den Zug der Professionalisierung auf und bieten kostenpflichtige Zusatzservices an, die die Arbeit im Alltag erleichtern und beschleunigen können.

Alternative Suchstrategien für Immobilien

Hierbei solltest du auf ungewöhnliche Suchkriterien setzen, die weniger Konkurrenz haben. Wenn du immer nach den gleichen Objekten suchst wie alle anderen, wird es schwierig, da diese Objekte stark umkämpft sind.

- **Lange am Markt:** Suche nach Immobilien, die schon länger angeboten werden. In Tools wie *Soldd* siehst du, wann eine Wohnung erstmals online war. Je länger eine Immobilie verfügbar ist, desto größer ist dein Verhandlungsspielraum!
- **Hohe Betriebskosten:** Prüfe, ob die hohen Betriebskosten durch verborgene Darlehen bedingt sind, die für eine Sanierung am ganzen Haus aufgenommen wurden, zum Beispiel eine Fassaden- oder Dachsanierung. Diese Darlehen bestehen meist für einige Jahre, was deine Rendite erheblich steigern kann, wenn sie wegfallen. Manchmal kann der Verkäufer ein Sanierungsdarlehen der WEG vor Übergabe mit einer Einmalzahlung begleichen, dadurch fallen die monatlichen Zahlungen weg. Wenn das so gewünscht ist, sollte es bereits in deinem Kaufangebot stehen und sich dann im schriftlichen Kaufvertrag wiederfinden.
- **Schlechte Bilder:** Schlechte Fotos sind oft ein Grund, warum Immobilien nicht verkauft werden. Ein genauer Blick und Nachfragen können sich lohnen. Ich habe durch diese Taktik im Jahr 2024 ein Mehrfamilienhaus gekauft.
- **Feuchtigkeit und Schimmel:** Feuchtigkeit oder Schimmel müssen nicht zwingend die Substanz der Immobilie beeinträchtigen. Oft ist mangelnde Belüftung die Ursache. Ein Bausachverständiger oder ein anderer Immobilienprofi kann dir helfen, solche Probleme rasch zu analysieren und zu beheben.
- **Vermietete Wohnungen:** Achte auf Wohnungen mit befristeten Mietverträgen, die bald auslaufen. Du kannst die Mietzeit aussitzen, Steuervorteile nutzen und anschließend neu vermieten.

Offline Akquise (Off-Market)

Als Off-Market werden grundsätzlich alle Objekte bezeichnet, die direkt vom Verkäufer oder auch von einem Vermittler oder Makler angeboten werden. Off-Market-Objekte zeichnen sich dadurch aus, dass sie nicht für jeden im Internet zu finden sind, sondern lediglich einer ausgewählten Zielgruppe angeboten werden.

Diese Zielgruppe ist oft sehr klein und die Angebote werden durch Offline-Netzwerke an sie gerichtet. Erst wenn der gewünschte Preis oder ein anderer Parameter (ja, es gibt noch andere Faktoren abseits vom Preis) nicht erfüllt wird, wandern die Objekte ins Netz. Solche Netzwerke findest du zum Beispiel über Immobilienstammtische via *Facebook* oder *WhatsApp*-Gruppen oder auch in der *Immo Mentor Community*. Dort werden auch immer wieder Objekte präsentiert, die für eine Person gerade nicht passend sind, aber jemand anderem vielleicht ins Konzept passen könnten.

Kreative Off-Market-Akquise-Methoden

- **Eigentümerversammlung:** Wenn du bereits in einem Mehrfamilienhaus Eigentümer bist, kannst du bei Eigentümerversammlungen Gespräche führen und dadurch hellhörig potenzielle Angebote in den Gesprächen mit den Miteigentümern entdecken. Diese finden normalerweise zweimal im Jahr statt. Das ist vor allem bei jenen Häusern sinnvoll, in denen die Wohnungen vom Eigentümer oft vermietet werden und nicht selbst bewohnen. Auch eine nette Weihnachtskarte an die Mitbewohner kann Interesse wecken.

- **Im eigenen Haus:** Als Mieter kannst du Kontakte mit deinen Nachbarn knüpfen. Ich erfuhr beispielsweise mal von einem meiner Nachbarn, dass sein Vermieter seine Wohnung verkaufen wollte und ich kaufte sie.
- **Flyer und Plakate:** Werbeaktionen, wie Flyer oder Plakate, sind kostengünstig und können gerade für Anfänger eine gute Möglichkeit sein, Immobilien zu finden. Besonders effektiv sind gezielte Aktionen in deiner eigenen Nachbarschaft oder in Wohngegenden mit viel Mieterwechsel. Ein Bekannter hat einmal super Ergebnisse erzielt, indem er auf dem Parkplatz eines großen Lebensmittelhändlers großflächige Plakatwände gemietet hat. Diese Aktion hat zwar einige tausende Euro gekostet, hat ihm aber auch mehrere Wohnungen eingebracht.
- **Schwarzes Brett:** Nutze Schwarze Bretter in deinem Wohnhaus, an Universitäten oder in Supermärkten, um nach Wohnungen zu suchen. Ein gut platzierter Aushang kann den Verkaufsprozess beschleunigen.
- **Vermietervereine:** In Vermietervereinen triffst du oft auf Eigentümer, die ihre Immobilien schnell verkaufen möchten, weil sie die Vermietung satthaben. Hier kannst du Schnäppchen ergattern.
- **Friseur und Handwerker:** Friseure und Handwerker wissen oft von Immobilien, die verkauft werden sollen. Ein gutes Gespräch kann helfen, bevor die Objekte auf den Markt kommen. Manche Investoren – so auch ich – systematisieren das sogar, indem sie den Handwerkern bei erfolgreichen Tipps eine hohe Provision bezahlen.
- **Stammtische:** Stammtische sind, insbesondere in ländlichen Gegenden, ideale Orte, um sich über lokale Immobilienangebote auszutauschen und vielleicht ein Schnäppchen zu finden.

Zwischenappell: Alles mit Maße und Ziel

Bei allen bisherigen und auch den noch folgenden Akquise-Strategien gilt es stets, Maß und Ziel zu wahren. Wer zu aufdringlich auftritt, wird weder Freunde noch Geschäftspartner gewinnen. Ob man nun in einer Woche fünfmal den gleichen Flyer in denselben Briefkasten wirft oder am Stammtisch täglich die gleichen Fragen stellt und nur von sich selbst erzählt – beides führt nicht zu wertvollen Beziehungen. Im Gegenteil: Es wird deine Mitmenschen eher verärgern, was genau zum Gegenteil von dem führt, was du erreichen willst. Dein Ruf ist das Fundament deines Erfolgs – er ist dein größtes Gut als Immobilieninvestor.

- **Dein Netzwerk:** „Dein Netzwerk ist dein Erfolg." Dieser Leitspruch gilt nicht nur für den *Immo Invest Club Austria (IIC)*, den ich mitbegründet habe, sondern auch für mich persönlich. Ein starkes Netzwerk aufzubauen, das dich bei Immobiliengeschäften immer präsent hat, braucht Jahre, zahlt sich jedoch langfristig aus. Dein Ziel sollte sein, dass jeder weiß, dass du in Immobilien investierst und schnell und entschlossen Objekte kaufst.
- **Persönliches Umfeld:** Verwandte und Bekannte sind nicht zu unterschätzen. Erzähle deshalb jedem von deinem Vorhaben! Oft wird man hier positiv überrascht. Ich selbst bin zu meinen allerbesten Immo-Deals über mein persönliches Umfeld gekommen. Wenn auch über zwei oder drei Ecken – es gibt immer jemanden, der jemanden kennt, der jemanden kennt. Wenn du immer wieder – nicht aufdringlich, sondern ganz beiläufig – davon erzählst, dass du in Immobilien investierst, werden sich das deine Freunde,

Bekannte und Verwandte merken und dich gegenüber anderen Personen erwähnen. Vielleicht bist du ja genau der richtige, um ihnen das Problem des nervigen Vermietens vom Hals zu schaffen.

- **Hausverwaltungen:** Auch Hausverwaltungen sind wertvolle Quellen für Tipps. Viele Eigentümer wenden sich direkt an ihre Hausverwaltung, wenn sie verkaufen möchten, oft aufgrund langjähriger Vertrauensverhältnisse.
- **Anwälte und Notare:** Notare und Anwälte, die mit Nachlass oder Unternehmensinsolvenzen zu tun haben, kennen oft Immobilien, die bald auf den Markt kommen. Auch sie sind daher ausgezeichnete Tippgeber.
- **Der Makler, dein Freund und Helfer:** Makler können echte Vorteile bieten – ja, du hast richtig gelesen! Ich persönlich betrachte den Makler als besten Freund des Immobilieninvestors. Warum? Ganz einfach: Ein Makler, der regelmäßig rentable Objekte liefert, ist Gold wert. In diesem Fall zahle ich gerne seine Provision. Wenn er zudem gut arbeitet, die Unterlagen organisiert und aufbereitet, umso besser!
- **Die Schwacher-Makler-Strategie:** Wie überall im Leben und wie in jeder Branche gibt es auch unter Maklern viele faule Menschen. Dies kann dazu führen, dass du als Investor mit unzureichend aufbereiteten Unterlagen konfrontiert wirst, mehrfach nachhaken musst oder sogar gezwungen bist, die benötigten Informationen direkt bei der Hausverwaltung oder dem Bauamt anzufordern – natürlich unter Vorlage der entsprechenden Vollmacht. Fehlende Unterlagen sind ein offensichtliches Zeichen für einen wenig motivierten Makler, ebenso wie schlecht formulierte, unvollständige oder fehlerhafte Annoncen und schlechte Fotos.

Doch anstatt diese Unzulänglichkeiten als Ärgernis zu betrachten, kannst du sie zu deinem Vorteil nutzen. Ein unmotivierter Makler bietet dir die Gelegenheit, ihn mit gezielter Akquise zu „ködern“ und für dein Projekt zu gewinnen. Außerdem bedeutet ein „fauler“ Makler, dass der Verkäufer nicht optimal beraten wird. Das kann zur Folge haben, dass die Immobilie zu einem unrealistisch hohen oder niedrigen Preis angeboten wird oder dass keine gründliche Verkaufsprüfung stattgefunden hat. Dadurch entsteht eine höhere Preisflexibilität, was dir Verhandlungsspielraum verschafft – und das ist natürlich ein Vorteil!

Schmackhaft können wir dem Makler einen schnellen Verkauf zu unserem Wunschpreis insbesondere dann machen, wenn er von weit weg kommt, er also jedes Mal einen langen Anfahrtsweg für Besichtigungen hat. Das nervt natürlich und er ist froh, wenn er das Geschäft früher erledigt und keinen hohen Zeitaufwand damit hat. Speziell für einen Makler ist Zeit eben Geld. Seine einzige Einnahmequelle ist in der Regel die erfolgsbasierte Provision durch seinen Zeitaufwand. Hier kannst du geschickt ansetzen: Frage den Makler nach seiner Herkunft und der Entfernung, die er zurücklegen muss, um zur Immobilie zu gelangen.

Eine weitere Strategie ist, den Makler mit der Frage zu konfrontieren: „Wie viel würden Sie für die Immobilie bezahlen?“ Die Antwort darauf liefert häufig aufschlussreiche Hinweise über seine Motivation und Flexibilität. Nutze zudem das Prinzip der Reziprozität im Gespräch, um eine positive Beziehung zu ihm aufzubauen: Wer gibt, gewinnt. Zeige dem Makler, dass auch du ein Geschäftspartner bist, der etwas bietet. So wird er eher bereit sein, dir entgegenzukommen.

Wenn du jetzt überlegst, was du dem Makler bieten kannst, gehe in dich und überlege dir, was deine Stärken sind und welche Ressourcen du zur Verfügung hast. Kannst du dem Makler vielleicht Objekte zur Vermittlung bringen, die für dich selbst nicht von Interesse sind, wie Einfamilienhäuser oder größere Gewerbeobjekte aus deinem Netzwerk? Bist du Architekt oder Planer und kannst Pläne für den Makler machen? Bist du Fotograf und kannst Fotos für ihn machen oder besitzt du ein Restaurant und der Makler bekommt bei dir immer einen ruhigen Platz oder gar das eine oder andere kostenfreie Essen aufs Haus? Bist du Friseur und der Makler bekommt bei dir seinen nächsten Haarschnitt gratis? Oder Handwerker und kannst rasch kleinere Problemchen für ihn lösen? Sei kreativ! Es gibt unzählige Möglichkeiten, anderen Menschen Vorteile zu bringen, die Reziprozität erzeugen.

Regeln der Akquise

Für eine erfolgreiche Immobilienakquise gilt die 3-S-Regel:

1. **Schnelligkeit:** Bei guten Angeboten ist es entscheidend, schnell zu handeln.
2. **Solvenz:** Eine gesicherte Finanzierung sorgt für Schnelligkeit und Sicherheit.
3. **Sympathie und soziale Intelligenz:** Eine gute Beziehung zum Verkäufer kann den Ausschlag geben, besonders wenn Sympathie auf beiden Seiten besteht.

Psychologie des Überzeugens

Die Kunst der Überzeugung spielt eine wichtige Rolle. Hier einige kreative Ideen, um in Erinnerung zu bleiben:

- **Reziprozität:** Ein kleines Geschenk (beispielsweise eine Flasche Wein) kann zu einem besseren Preis führen, da dein Gegenüber sich revanchieren möchte.
- **Spiegel-Taktik:** Achte darauf, das Verhalten deines Gesprächspartners zu spiegeln.
- **Gemeinsamkeiten:** Finde gemeinsame Interessen heraus (Hobbys, Sport, Musik ...).
- **Lob und kleine Geschenke:** Ein persönliches Lob, eine Essenseinladung oder ein Blumenstrauß mit einer handschriftlichen Notiz können den Unterschied machen.

Diese Taktiken helfen nicht nur, positiv in Erinnerung zu bleiben, sondern könnten dich sogar bei Verhandlungen begünstigen – vielleicht sogar zu einem besseren Preis.

Buchempfehlung

How to Win Friends and Influence People von Dale Carnegie ist ein zeitloser Klassiker in der Kunst der zwischenmenschlichen Kommunikation.

Die Wieder-Verkaufs-Strategie

Mit dieser Strategie machst du dem Makler das Geschäft besonders attraktiv, indem du ihm die Möglichkeit bietest, die Immobilie nach dem Kauf wieder zu verkaufen. So kann der Makler nicht nur zweimal Provision einstreichen, sondern hat beim Wiederverkauf auch deutlich weniger Arbeit, da er die Immobilie bereits kennt und sämtliche Daten vorliegen. Natürlich klappt diese Strategie nicht für die Bestandshaltung, sondern ist für Fix und Flip bzw. den Immobilienhandel anwendbar.

Die Verkauf-doch-Strategie

Diese Strategie zielt darauf ab, Inserate von Vermietungsangeboten zu nutzen, um den Makler oder den Eigentümer zu einem Verkauf zu bewegen. Besonders interessant sind Mietwohnungen, die bereits seit einigen Monaten auf den Plattformen gelistet sind und deren Vermietung nicht so schnell vonstatten geht – also Wohnungen, die nicht „wie warme Semmeln“ verkauft werden.

Auch größere Wohnungen mit drei bis vier oder mehr Zimmern gehören oft zu dieser Kategorie, da deren Vermietung in der Regel länger dauert – die Mieter bleiben zwar länger in den Wohnungen, aber es dauert oft länger, bis Mieter für solche Wohnungen gefunden sind – als bei kleineren Einheiten. In diesem Fall nimmst du Kontakt zum Makler oder direkt zum Verkäufer auf. Die Herangehensweise ist dabei entscheidend: Du solltest dem Makler indirekt vermitteln, dass es für ihn finanziell vorteilhafter wäre, die Wohnung zu verkaufen, anstatt sie weiterzuvermieten.

Hier ein gutes Beispiel, um diesen Punkt zu verdeutlichen: Bei der Vermietung einer durchschnittlichen Wohnung erhält der Makler in der Regel zwei Monatsmieten Provision. Bei einer Wohnung mit 600 € Kaltmiete entspricht das 1.200 € Provision. Im Vergleich dazu, wenn der Makler die Wohnung für 150.000 € verkauft und dabei eine Käuferprovision von drei Prozent erhält, kommt er auf 4.500 € Provision – fast das Vierfache! Hinzu kommt möglicherweise eine Provision vom Verkäufer, die weitere ein bis drei Prozent betragen kann. Insgesamt könnte der Makler bei einem Verkauf also etwa das Achtfache an Provision verdienen. Ist das nicht ein verlockendes Angebot? Diese finanzielle Perspektive kann für den Makler ein echter Anreiz sein, den

Vermieter zum Verkauf anzuregen. Funktioniert das immer? Natürlich nicht, aber wer nicht wagt, der nicht gewinnt.

Ist man direkt mit dem Verkäufer in Kontakt, verhält sich die Kommunikation ähnlich. Man zielt hier jedoch darauf ab, dass er anstatt der „geringen" monatlichen Miete durch einen Verkauf der Immobilien einen ganzen Haufen Geld auf einmal bekommt. Er bekommt dann zum Beispiel statt 300 € nach Steuern, auf einmal 150.000 €. Wenn man das dem Eigentümer geschickt vorrechnet, klingt das für viele Menschen sehr attraktiv. Denn vielleicht bekommt der Vermieter zwar eine monatliche Miete von 600 - 700 €, aber abzüglich des Hausgeldes (Betriebskosten) und der Einkommenssteuer sowie der Rücklage, die der Vermieter selbst bezahlen muss, bleibt ja nicht mehr viel übrig.

Wenn man Gelegenheit gehabt hat, den Vermieter persönlich kennenzulernen, kann man auch noch tiefer in die Trickkiste greifen und ihn mit ein wenig Ansporn zum baldigen Verkäufer machen. Schließlich möchte doch jeder seinen Ruhestand mit Geld auf der hohen Kante genießen, bei der Ausbildung der Kinder oder Enkelkinder unterstützen oder sich den lebenslangen Traum des Sportwagens erfüllen.

Beispiel für ein Anschreiben an einen Vermieter

> Sehr geehrte/r Herr/Frau Muster,
>
> ich bin durch Zufall auf Ihre Wohnung im Internet (oder auf Plattform XY) gestoßen und habe mich sofort verliebt.
>
> Ich möchte jedoch nicht mieten, sondern gerne eine Eigentumswohnung kaufen. Haben Sie schon mal darüber nachgedacht, diese Wohnung zu verkaufen? Wäre das für Sie denkbar? Sie müssten sich dann auch nicht mehr mit Mietern herumschlagen und bekommen wesentlich mehr Geld auf einen Schlag mit dem

Verkauf. Wenn Sie einen Verkauf in Erwägung ziehen, würde ich mich sehr über ein Gespräch mit Ihnen freuen.

(Option: Mir ist aufgefallen, dass Sie die Wohnung weit über dem Mietspiegel anbieten, damit haben Sie das finanzielle Risiko der Mietrückforderung durch den Mieter. Dieses Risiko hätten Sie mit einem Verkauf ebenfalls gelöst.)

Mit freundlichen Grüßen
Max Mustermann

Deine Social Media Präsenz

Dein Auftritt auf Social Media ist entscheidend. Sei aktiv auf Plattformen wie *Instagram* (mein Account heißt zum Beispiel @derimmomentor), *YouTube*, *LinkedIn*, *TikTok* oder *Facebook* und teile deine Erfahrungen als Immobilieninvestor. Diese Präsenz zahlt sich aus, ich erhalte mittlerweile wöchentlich Immobilienangebote über meine Kanäle.

Die WEG-Strategie

WEG steht für Wohnungseigentumsgemeinschaft, also deine Miteigentümer. Nutze ihre Kontaktdaten – diese kannst du durch die Hausverwaltung (DE und AT) oder aus dem Grundbuch (AT) erhalten – und sende ihnen ein persönliches, idealerweise handschriftliches Schreiben. Appelliere an ihre Menschlichkeit und formuliere es subtil: „Ich möchte mich als neuer Miteigentümer vorstellen. Meine Familie und ich haben im 4. Stock unser Zuhause gefunden und freuen uns, hier langfristig zu investieren. Falls Sie überlegen, Ihre Wohnung zu verkaufen oder jemanden kennen, der das möchte, melden Sie sich gerne bei mir.“ Ein Foto der Familie kann den Effekt verstärken.

Die Grundbuch-Strategie

Leider ist diese Strategie nur in Österreich möglich. Dort ist das Grundbuch öffentlich einsehbar und alle Eigentümer eines Hauses sind ersichtlich. So kannst du die Eigentümer von benachbarten Häusern kontaktieren. Diese Strategie eignet sich besonders, wenn du dich in einem Gebiet gut auskennst. Sende den Eigentümern ein ähnliches Schreiben wie bei der WEG-Strategie und baue so dein Netzwerk aus.

Die Sanierungs-Strategie

Du musst sanieren? Egal, ob Sanierung für ein Fix-und-Flip-Projekt oder Modernisierung für die Neuvermietung, mach dir diese Chance zunutze: Formuliere einen netten Brief an die Eigentümer und Nachbarn im Haus und mache einen Aushang am Schwarzen Brett. Stelle dich als (neuer) Miteigentümer vor, schreibe darüber, dass du zum Beispiel den Grundstein für deine Familienvorsorge legst oder die Wohnung umbauen musst, um sie für altersgerechtes Wohnen anzupassen.

Entschuldige dich vorab für etwaige Unannehmlichkeiten durch den Baulärm, bedanke dich für das Verständnis deiner Nachbarn und hinterlasse deine Kontaktdaten für Fragen und Beschwerden. Am Ende kannst du in einem Satz erwähnen: „Falls Sie Ihre Wohnung verkaufen möchten, würde ich mich über ein Gespräch freuen.“ That’s it!

Die Tippgeber-Strategie

Hier erhalten Tippgeber von dir ein Tippgeber-Honorar dafür, dass sie dir einen erfolgreichen Tipp für eine Immobilie gegeben haben. Der Tipp des Tippgebers umfasst meist nur die Herstellung des Kontaktes zum Verkäufer. Hier handelt es sich in den meisten Fällen um Off-Market-Objekte. Das Honorar ist flexibel, entweder pauschal, wie 1.000 € pro erfolgreichem Tipp, oder als Prozentsatz des Kaufpreises (häufig ein Prozent). Die Zahlung erfolgt, wenn der Kauf erfolgreich abgeschlossen wurde.

Die Co-Investor-Strategie

Diese Strategie eignet sich besonders für Fix-und-Flip-Projekte, bei denen eine Wohnung saniert und anschließend verkauft wird. Person A übernimmt die Akquise und Renovierung, während Person B das Kapital zur Verfügung stellt. In der Regel wird der Gewinn fünfzig zu fünfzig geteilt, doch auch hier sind die Konditionen individuell vereinbar.

Die Experten-Strategie für Fortgeschrittene

Hierbei organisierst du einen kostenfreien Infoabend. Dazu lädst du zwei bis drei Experten aus dem jeweiligen Fachgebiet ein, die jeweils einen kurzen Impulsvortrag – also etwa 20 bis 30 Minuten – zu ihrem Thema halten. Dadurch bekommen die Experten eine Plattform, über die sie ebenfalls Kunden gewinnen können, und du stichst als Gastgeber heraus und tauschst dich mit den Teilnehmern aus.

So kommst du ggf. an einen guten Deal. Vielleicht gibt es ja einen Teilnehmer, dem seine Immobilie zu viel ist und der gerne verkaufen möchte. Dieser Person kannst du viele Kopfschmerzen ersparen, indem du ihm seine Immobilie direkt abkaufst. Und selbst, wenn es nicht zu so einem Deal kommt, hast du durch das Event dein persönliches Immo-Netzwerk um einige neue Bekanntschaften erweitert.

Mögliche Themen für den Infoabend:

- Immobilienrecht
- Immobiliensteuerrecht
- Scheidungsrecht
- Erbrecht und Erbnachfolge bei Immobilien
- (energetische) Sanierung von Immobilien (Parkett, Elektrik, Sicherheit, Maler, erneuerbare Energien, etc.)
- Schadensbehebung von Schimmel oder Feuchtigkeit

Aber Achtung: Diese Strategie eignet sich eher für Fortgeschrittene, ich würde sie keineswegs empfehlen, wenn du noch ganz am Anfang stehst. Um so etwas auf die Beine zu stellen und selbst einen kompetenten Eindruck zu machen, sollte man bereits selbst über eine gewisse Expertise in einem bestimmten Fachgebiet verfügen.

Trotzdem muss man sich auch nicht zu lange Zeit damit lassen, denn die wirklichen Experten, die bei einem von dir organisierten kostenfreien Vortrag glänzen sollen, sind Dienstleister, die du einlädst, um in deinem Namen zu glänzen.

Das Gesetz der großen Zahlen

Sämtliche Akquise-Strategien, die ich dir auf den vergangenen Seiten näher gebracht habe, funktionieren. Sie funktionieren aber nur dann, wenn man sie auch aktiv und konsequent verfolgt und umsetzt.

Hier kommt das Gesetz der großen Zahlen zum Tragen: Je höher deine Schlagzahl ist, desto mehr Wohnungen wirst du finden. Fleiß zahlt sich aus!

11

Die Kalkulation

Lüge dich nicht selbst an und vermeide es,
zum Excel-Weltmeister zu werden

Max und Tom trafen sich zwei Wochen später wieder. Nachdem Max nun wusste, wie er die richtige Immobilie finden konnte, wollte er mehr über die finanzielle Seite erfahren. Er lehnte sich vor und fragte:

„Tom, jetzt, da ich weiß, wie ich eine passende Immobilie finde, wie gehe ich bei der Kalkulation vor? Wie stelle ich sicher, dass sich das Investment wirklich lohnt, und ob ich überhaupt genug Geld zur Verfügung habe?"

Tom antwortete: „Gute Frage, Max. Die richtige Kalkulation ist entscheidend, um den Erfolg deiner Investition zu gewährleisten. Es gibt mehrere Kennzahlen und Faktoren, die du berücksichtigen solltest. Dazu gehören zum Beispiel der Kaufpreis und die Nebenkosten, die Mieteinnahmen, die Bewirtschaftungskosten, der Cashflow sowie die Rendite."

Max betrachtete die Notizen und nickte langsam. „Das klingt nach einer Menge Arbeit, aber ich verstehe, wie wichtig diese Berechnungen sind."

Tom lächelte. „Es mag anfangs komplex erscheinen, aber mit der Zeit wird es zur Routine. Und denk daran, es gibt zahlreiche Ressourcen und Tools, die dir bei der Kalkulation helfen können, und ich werde dir das Wichtigste zeigen und erklären."

Max fühlte sich ermutigt. „Danke, Tom. Mit deinem Rat und den richtigen Werkzeugen werde ich das schaffen."

Tom klopfte ihm auf die Schulter. „Davon bin ich überzeugt, Max. Der Schlüssel liegt in der sorgfältigen Planung und realistischen Einschätzung. So legst du den Grundstein für ein erfolgreiches Investment."

Kalkuliere frühzeitig und fundiert

Die Kalkulation ist ein wesentlicher Bestandteil des Immobilienkaufs, da dein Investment letztlich auf soliden Zahlen basieren sollte. Eine fundierte Kalkulation schützt zudem davor, emotionale Kaufentscheidungen zu treffen, die du später bereuen könntest.

Ich empfehle dir, die wichtigsten Eckdaten frühzeitig zu kalkulieren – idealerweise bevor du dich tiefgehender mit der Immobilie beschäftigst, also noch bevor du zur Besichtigung gehst. Besonders als Anfänger ist es wichtig, mehrere Besichtigungen zu machen, um selbstsicherer zu werden und um zu lernen, worauf es vor Ort in der Wohnung und am Haus ankommt. Nichtsdestotrotz rate ich dir zuerst eine grobe Kalkulation zu machen und nur Objekte zu besichtigen, die grundsätzlich Sinn ergeben.

Eine erste Kalkulation kann durchaus sehr einfach sein, etwa die sogenannte Bierdeckel-Kalkulation. Auch sehr erfahrene Investoren machen die erste Kalkulation auf diese einfache Art und Weise. Denn wenn diese nicht positiv ausfällt, ist eine tiefgehende Prüfung meist erst gar nicht sinnvoll.

Bevor wir jedoch in die Zahlen eintauchen, eine Warnung:

Verliere dich nicht in den Tiefen von Excel-Tabellen, selbst wenn du ein sehr zahlenaffiner Mensch bist. Mittels Excel kann man am Ende des Tages jeden Deal entweder tot oder schön rechnen. Wichtig ist, dass deine Basics gut sitzen, also die Bierdeckel-Kalkulation, und dass du bei deiner ersten Wohnung ins Tun kommst.

Die Bierdeckel-Kalkulation

Die Bierdeckel-Kalkulation ist eine einfache Methode zur Berechnung der Rendite einer Immobilieninvestition. Der Name kommt daher, da die Rechnung so simpel ist, dass sie sich selbst auf einem kleinen Bierdeckel berechnen lässt.

Du berechnest die Rendite einer Wohnung wie folgt:

Einnahmen der Jahresnettokaltmiete (JNKM) dividiert durch den Kaufpreis (KP) mal 100 = Rendite in Prozent

Kurz gesagt:

$$\frac{\text{JNKM}}{\text{KP}} \times 100 = \text{Rendite in \%}$$

Zur Jahresnettokaltmiete kommst du, indem du die monatliche Nettomiete (Kaltmiete) mal 12 (zwölf Monate) rechnest.

Die monatliche Nettomiete erhältst du, indem du von der Gesamtmiete, die dir dein Mieter Monat für Monat überweist, das Hausgeld (Betriebskosten) sowie etwaige Vorschreibungen für Heizung, Strom oder Warmwasser abziehst. Übrig bleibt der monatliche Netto- bzw. Kaltmietzins.

Hier ein einfaches Beispiel. Die Jahresnettokaltmiete beträgt 6.000,00 €, der Kaufpreis beträgt 135.000,00 €. Also rechnest du:

$$\frac{6.000{,}00\,€}{135.000{,}00\,€} \times 100 = 4{,}44\,\%$$

Den Kaufpreis wissen wir durch das Inserat beziehungsweise aus dem Exposé, das du vom Makler erhältst. Wenn die Wohnung vermietet ist, wird die Jahresnettokaltmiete entweder im Inserat angegeben oder man erfragt sie ganz einfach beim Makler. Ist die Wohnung noch nicht vermietet kannst du einen Marktvergleich auf den bekannten

Suchplattformen anstellen. Die suchst dir einfach andere Wohnungen mit der gleichen Größe, Zimmeranzahl und Ausstattung in ähnlicher Lage und siehst nach was dort an Miete verlangt wird.

Um ganz korrekt zu kalkulieren, solltest du jedoch deine Rendite aufgrund der Gesamtinvestitionskosten, kurz GIK genannt, anstatt nur des Kaufpreises kalkulieren. Die Gesamtinvestitionskosten stellen sämtliche Ausgaben dar, die du tätigen musst, bis du die Immobilie erfolgreich vermieten und damit Einnahmen erzielen kannst.

Gesamtinvestitionskosten

- Kaufpreis (KP)
- zzgl. Kaufnebenkosten (KNK) oder einfach Nebenkosten (NK) genannt
  - Maklercourtage (Maklerprovision)
  - Grunderwerbsteuer
  - Grundbucheintragungsgebühr
  - Gebühren und Kosten für die Finanzierung
  - Eintragungsgebühr des Darlehens im Grundbuch

Diese Kosten machen in Österreich ca. 10 bis 13 Prozent aus und in Deutschland ca. 10 bis 18 Prozent, da vor allem die Maklercourtage (Maklerprovision) und die Grunderwerbsteuer in Deutschland je nach Bundesland unterschiedlich hoch sind.

Wo die Maklercourtage und Finanzierungskosten mit gutem Verhandlungsgeschick manchmal gekürzt werden können, gibt es bei Kosten wie Grunderwerbsteuer oder Grundbucheintragungsgebühr keine Möglichkeit der Verhandlung, da diese gesetzlich festgesetzt sind. Eine detaillierte Ausführung zu den Kaufnebenkosten findest du in Kapitel 14 *Der Kaufvertrag und das Grundbuch*.

Weitere Nebenkosten bis zur Vermietung

Weitere klassische Kosten, um zu den Gesamtinvestitionskosten (GIK) zu gelangen, können sein:

- Renovierungs- bzw. Sanierungskosten
- Möblierung und Einrichtung
  - zum Beispiel bei möblierter Vermietung oder bei Kurzzeitvermietung

Um also zu einer genaueren Berechnung zu gelangen, berechnen wir nun den Kaufpreis mal 1,13 (für 13 Prozent Nebenkosten).

In unserem Beispiel bedeutet das:

$$135.000{,}00\,€ \times 1{,}13 = 152.550{,}00\,€ \text{ inkl. KNK}$$

Die Netto-Renditeberechnung sieht nun wie folgt aus:

$$\frac{6.000{,}00\,€\ (\text{JNKM})}{152.550{,}00\,€\ (\text{KP} + \text{NK} = \text{GIK})} \times 100 = 3{,}93\,\%$$

Wie hoch soll die Rendite sein?

Wie du in einem vorherigen Kapitel bei der Zukunfts-Rendite-Matrix gelernt hast, beschreibt die Rendite auch das Risiko des Investments. Bei einer geringeren Rendite ist das Risiko in der Regel geringer (Wohnung im städtischen Ballungsraum) und bei einer höheren Rendite ist das Risiko, zum Beispiel eines Leerstandes, erhöht (beispielsweise eine Wohnung auf dem Land).

Zur aktuellen Zeit (Anfang 2025) ist ein guter Renditeparameter zwischen dreieinhalb bis fünf Prozent je nachdem in welcher Lage, mit welcher Strategie du kaufst. In NRW oder im Osten Deutschlands würde ich nicht unter fünf Prozent investieren. In den inneren Bezirken von Wien oder in Frankfurt oder München kann auch ein Investment mit dreieinhalb bis vier Prozent Rendite Sinn ergeben, da du dort eine wesentlich höhere Wertsteigerung erleben wirst.

Man merkt hier wieder: Die Strategie muss zur Person passen. Wichtig ist zu unterscheiden, ob Cashflow oberste Priorität hat oder ob es ausreicht, wenn sich die Wohnung von selbst durch die Vermietung abbezahlt und die Immobilie dafür die nächsten zehn bis zwanzig Jahre gut im Wert steigt.

Ein weiterer Ansatz ist, die Zinsen oft zu betrachten. Ist der Zinssatz zum Beispiel bei dreieinhalb Prozent, sollte deine Rendite ein bis anderthalb Prozent darüber liegen, um die weiteren Kosten abseits des Zinses abzudecken.

Weitere Entscheidungskriterien

Neben der Rendite sind wichtige Entscheidungshelfer:

1. Die Eigenkapitalrendite
2. Der Cashflow

Die folgenden Parameter sind persönliche Entscheidungshilfen, die ich für sinnvoll halte. Sie können je nach Person und finanzieller Situation variieren.

Eigenkapitalrendite

Für mich ist die Eigenkapitalrendite eine der wichtigsten Kennzahlen beim Immobilienkauf, wenn nicht die wichtigste. Sie ermöglicht einen Vergleich zwischen Immobilien und anderen Investitionsmöglichkeiten. Warum?

Bei den meisten anderen Investitionen, wie Aktien, musst du 100 Prozent Eigenkapital einsetzen. Du kannst keine Fremdfinanzierung nutzen und hast daher keinen Hebeleffekt. Bei Immobilien hingegen ermöglicht die Fremdfinanzierung dir, deine Eigenkapitalrendite durch Leverage zu steigern.

Hier habe ich ein einfaches Beispiel für dich vorbereitet:

Nehmen wir an, du investierst 150.000,00 € in Aktien mit einer durchschnittlichen Rendite von sechs Prozent.

1. Du musst erstmal 150.000,00 € erarbeiten (nach Steuern!), um diese dann in Aktien zu investieren.
2. Du erhältst pro Jahr bei sechs Prozent Rendite 9.000,00 € auf dein eingesetztes Eigenkapital.
3. Diese sechs Prozent Rendite entspricht zugleich deiner Eigenkapitalrendite, da du ja 100 Prozent Eigenkapital eingesetzt hast (150.000,00 € deines eigenen Geldes).
4. Diese sechs Prozent Rendite durch Aktien schwankt Jahr für Jahr, einmal sind es nur zwei bis drei Prozent oder gar weniger, einmal vielleicht sogar acht bis zehn Prozent. Die Rendite unterliegt also ständigen Veränderungen.

Dieses potenzielle Aktieninvestment vergleichen wir nun mit einem Immobilieninvestment in gleicher Höhe.

Eine Beispielrechnung mit folgenden Werten:

- Kaufpreis: 150.000,00 €
- Gesamtinvestitionskosten (GIK): 165.000,00 €
- Eigenkapital (EK): 30.000,00 €
- Fremdkapital (FK): 135.000,00 €
- Jahresnettokaltmiete: (JNKM): 7.500,00 €

Du kaufst dir eine Wohnung im Wert von 150.000,00 € (zusätzlich + zehn Prozent NK = 165.000,00 €) und leihst dir 90 Prozent davon (135.000,00 €) von der Bank. Daher musst du nur mehr 30.000,00 € Eigenkapital einsetzen. Das sind also 20 Prozent Eigenkapital der Gesamtinvestitionskosten (GIK). Jetzt kommt es:

Bei einer Bruttorendite von fünf Prozent (= Jahresnettomieteinnahmen von 7.500,00 €) hast du – einfach gerechnet – eine Eigenkapitalrendite von 25 Prozent, also sagenhafte fünfmal so viel wie bei einem vergleichbaren Aktieninvestment. Ist das Hexerei und schwarze Magie? Ganz und gar nicht. Das ist lediglich die Magie des Hebeleffektes.

So berechnet sich die Eigenkapitalrendite vereinfacht

Um die Eigenkapitalrendite zu berechnen, stellst du die jährlichen Nettomieteinnahmen, in dem Beispiel sind es 7.500,00 €, deinem dafür eingesetzten Eigenkapital gegenüber. Das bedeutet:

Nettojahreskaltmiete dividiert durch Eigenkapital mal 100 = Eigenkapitalrendite in Prozent

Kurz gesagt:

$$\frac{7.500\,€}{30.000\,€} \times 100 = 25\,\%$$

Machen wir das gleiche Beispiel mit sechs Prozent Rendite, also mit 9.000,00 € Jahresnettokaltmiete, kommen wir bereits auf 30 Prozent Eigenkapitalrendite in dieser vereinfachten Berechnung. Und ja, sechs Prozent Rendite sind durchaus realistisch und dank der gestiegenen Mieten der letzten Jahre auch in Ballungsräumen wieder möglich. Ich selbst habe Anfang des Jahres 2025 wieder eine kleine 30 m^2 Wohnung in guter Lage in Wien gekauft und mit genau sechs Prozent Rendite vermietet.

Eigenkapitalrendite im Detail

In der vereinfachten Berechnung haben wir jedoch Kosten, wie die Finanzierungskosten in Form der Zinsen, außer Acht gelassen. Gehen wir einen Schritt tiefer in die Berechnung, berücksichtigen wir zunächst die Zinsen. Hinweis: Die Zinsen zahlst du nicht zur Gänze selbst, da du sie von der Steuer absetzen kannst. Wenn wir von einem Zinssatz von dreieinhalb Prozent auf unser Darlehen von 135.000,00 € ausgehen, rechnen wir:

$$135.000{,}00\,€ \times 3{,}5\,\% = 4.725{,}00\,€ \text{ Zinsen pro Jahr}$$

Selbst, wenn wir die gesamten Zinsen, die wir absetzen und damit je nach Steuersatz eine erhebliche Ersparnis generieren, in unserem sechs-Prozent-Beispiel abziehen, kommen wir noch immer auf eine beachtliche Eigenkapitalrendite:

JNKM minus Zinsen dividiert durch Eigenkapital = Eigenkapitalrendite in Prozent, also:

$$\frac{9.000{,}00\,€ - 4.725{,}00\,€}{30.000{,}00\,€} = 14{,}25\,\%$$

Indem wir nur die Zinsen und nicht die ganze Rückzahlung an die Bank (= Zins + Tilgung) von den Mieteinnahmen abziehen, haben wir die Tilgung in der Berechnung hinzugezählt. Ohne Fremdkapital würde die Rendite, dann mit 100 Prozent Eigenkapitalrendite, lediglich 5,45 Prozent, also:

$$\frac{9.000{,}00}{165.000{,}00} \times 100 = 5{,}45\,\%$$

betragen. Durch den Einsatz von Fremdkapital steigt sie auf 14,25 Prozent. Das ist das Wunder des Hebeleffekts. Die Tilgung (= monatliche Bankrate - Zinsen) erhöht zwar deinen Vermögensaufbau und dadurch deine Eigenkapitalrendite, aber nicht deinen monatlichen Cashflow. Die Tilgung wird Monat für Monat mit der Rate an die Bank bezahlt, verringert dadurch deine Schulden und baut so dein Vermögen auf. Der Vermögensaufbau in Form der Tilgung wird aber erst beim Verkauf der Immobilie realisiert. Das ist dein persönlicher Vermögens-Turbo!

Eigenkapitalrendite mit Wertsteigerung

Bisher haben wir die Wertsteigerung auch noch außen vor gelassen. Nehmen wir an, nach einem Jahr steigt der Wert der Immobilie etwa um drei Prozent, was nicht unrealistisch ist. Dann sieht die Berechnung in unserem Beispiel wie folgt aus: GIK multipliziert mit der Wertsteigerung in Prozent = neuer Wert:

$$165.000{,}00\,€ \times 1{,}03 = 169.950{,}00\,€$$

Der Wertzuwachs beträgt:

$$169.950{,}00\,€ - 165.000{,}00\,€ = 4.950{,}00\,€$$

Da das eingesetzte Eigenkapital nur 30.000,00 € beträgt, ergibt sich ein zusätzlicher Hebeleffekt auf die Eigenkapitalrendite durch die Wertsteigerung:

$$\frac{4.950{,}00\,€}{30.000{,}00\,€} \times 100 = \mathbf{16{,}50\,\%}$$

Gesamtrendite auf das Eigenkapital

Die Gesamt-Eigenkapitalrendite setzt sich aus der Mietrendite (14,25 %) und der Rendite durch Wertsteigerung (16,50 %) zusammen:

$$14{,}25\,\% + 16{,}50\,\% = 30{,}75\,\%$$

Durch den Hebeleffekt konnte in diesem Beispiel mit nur 30.000,00 € Eigenkapital eine Rendite von 30,75 Prozent im ersten Jahr erzielt werden.

Cashflow

Der Cashflow einer Immobilie beschreibt den tatsächlichen Zahlungsfluss. Er zeigt dir, wie viel Geld am Ende des Monats oder Jahres tatsächlich in deiner Tasche bleibt. Er ist die Differenz zwischen deinen Mieteinnahmen und den laufenden Kosten – also das, was dir nach Abzug aller Ausgaben übrig bleibt. Warum ist der Cashflow wichtig?

Ein positiver Cashflow bedeutet, dass deine Immobilie mehr Geld einbringt, als sie kostet. Ein negativer Cashflow hingegen bedeutet, dass du monatlich draufzahlst und die Immobilie aus eigenen Mitteln finanzieren musst. Wir betrachten den Cashflow vorerst vor der Abgabe von Steuern. Es ist jedoch sinnvoll, den Cashflow nach der Abgabe zu berechnen. So siehst du, ob nach Zinsen, Abschreibungen und

Steuern tatsächlich ein Überschuss bleibt oder ob du monatlich etwas dazu zahlen musst. Besonders bei der privaten Vermietung hängt dies stark von deinem persönlichen, durchschnittlichen Einkommensteuersatz ab. Eine Beispielrechnung mit folgenden Werten:

- Kaufpreis: 150.000,00 €
- Gesamtinvestitionskosten (GIK): 165.000,00 €
- Eigenkapital (EK): 30.000,00 €
- Fremdkapital (FK): 135.000,00 €
- Einnahmen:
    - Jahresnettokaltmiete (JNKM): 9.000,00 €
- Kosten:
    - Zinssatz: 3,5 % = 4.725,00 € Zinsen pro Jahr (135.000 x 0,035)
    - Tilgungssatz: 1,5 % = 2.025,00 € Tilgung pro Jahr (135.000 x 0,015)
    - Instandhaltungsrücklage: 5 % der JNKM = 450,00 €
    - Verwaltungskosten: 3 % der JNKM = 270,00 €

Mieteinnahmen minus Kosten = Cashflow

+	JNKM [in €]	9.000,00 €
−	Zins [in €]	4.725,00 €
−	Tilgung [in €]	2.025,00 €
−	Instandhaltung [in €]	450,00 €
−	Verwaltung [in €]	270,00 €
=	Cashflow [in €]	1.530,00 €

Das bedeutet, nach Abzug aller Kosten bleibt ein positiver **Cashflow von 1.530,00 € pro Jahr**. Wenn du deinen monatlichen Cashflow wissen möchtest, dividierst du das Ergebnis einfach durch zwölf:

$$\frac{1.530{,}00\,€}{12} = 127{,}50\,€$$

Das heißt, du hast monatlich einen positiven Cashflow in Höhe von 127,50 €.

Fassen wir noch einmal zusammen: Ein **positiver Cashflow** wie in diesem Beispiel ist ideal, weil die Immobilie nicht nur die eigenen Kosten deckt, sondern dir auch einen zusätzlichen monatlichen Gewinn bringt.

Ein **negativer Cashflow** bedeutet, dass du jeden Monat aus eigener Tasche draufzahlen müsstest – das ist nur dann sinnvoll, wenn du langfristig auf Wertsteigerung setzt.

Fazit

Der Cashflow hängt stark von Zinsen, Mietrendite und Betriebskosten ab, daher ist es wichtig, vor dem Kauf genau zu rechnen.

12

Die Besichtigung und Due Diligence

Eine gute Objektprüfung
ist die halbe Miete

Ein paar Wochen später trafen Tom und Max sich vor einem charmanten Altbau in der Innenstadt, den Max zum Kauf in Betracht zog. Tom begleitete Max, um ihm die Bedeutung einer gründlichen Besichtigung und der damit verbundenen technischen und rechtlichen Due Diligence näherzubringen.

„Max, bevor du eine Immobilie kaufst, ist es entscheidend, sie genau unter die Lupe zu nehmen", begann Tom. „Eine gründliche Besichtigung hilft dir, den tatsächlichen Zustand des Objekts zu erfassen und potenzielle Risiken zu erkennen."

Sie betraten das Gebäude und begannen im Keller. Tom zeigte auf die Heizungsanlage: „Überprüfe das Alter und den Zustand der technischen Anlagen. Eine veraltete Heizung kann hohe Kosten verursachen." Er wies auch auf mögliche Feuchtigkeitsstellen an den Wänden hin: „Achte auf Feuchtigkeit oder Schimmel, besonders im Kellerbereich. Das kann manchmal auf größere Probleme hinweisen."

Im Treppenhaus erläuterte Tom die Bedeutung der rechtlichen Due Diligence. „Es ist wichtig, die Eigentumsverhältnisse und mögliche Belastungen im Grundbuch zu prüfen", erklärte er. „Auch bestehende Mietverträge und deren Konditionen solltest du genau kennen."

In der Wohnung selbst inspizierten beide die Elektrik. Tom öffnete den Sicherungskasten: „Eine veraltete Elektrik kann nicht nur teuer, sondern auch gefährlich sein. Stelle sicher, dass alles den aktuellen Standards entspricht."

Nach der Besichtigung fasste Tom zusammen: „Eine gründliche technische und rechtliche Prüfung – die sogenannte Due Diligence – ist unerlässlich. Sie schützt dich vor unerwarteten Kosten und rechtlichen Problemen. Nutze Checklisten und ziehe bei Bedarf Fachleute hinzu, um sicherzugehen, dass du eine fundierte Entscheidung triffst."

Max nickte nachdenklich. „Ich sehe jetzt, wie wichtig es ist, nicht nur den äußeren Schein einer Immobilie zu betrachten, sondern tiefgründiger zu prüfen, um eine sichere Investition zu tätigen."

Die Objektbesichtigung als Teil des Kaufprozesses

Wie bereitest du dich auf eine Objektbesichtigung vor und auf welche Punkte solltest du ganz besonders achten? Diese Fragen beantworte ich dir in diesem Kapitel.

Nachdem du eine einfache Basis- bzw. Bierdeckel-Kalkulation durchgerechnet und festgestellt hast, dass die Immobilie interessant für dich ist, vereinbarst du möglichst bald einen Besichtigungstermin mit dem Makler. Warum möglichst bald? Bei guten Deals musst du schnell sein!

Die Besichtigung und in weiterer Folge die Due Diligence, also die Ankaufsprüfung, sind ein essenzieller Teil des Kaufprozesses. Neben der baulichen und technischen Due Diligence hast du bei der Besichtigung ebenfalls die Möglichkeit, den Makler über sämtliche Details „auszufragen" und eine Beziehung mit dem Verkäufer bzw. dem Makler aufzubauen, um dich in eine möglichst gute Verhandlungsposition zu bringen. Die folgende Tabelle gibt dir eine Übersicht über die verschiedenen **Arten der Due Diligence**:

Art	Ziel
Rechtliche Due Diligence	Prüfung rechtlicher Risiken (Grundbuch, Mietverträge, Bebauung)
Finanzielle Due Diligence	Bewertung von Kaufpreis, Erträgen, Nebenkosten und steuerlichen Aspekten
Technische Due Diligence	Analyse des baulichen Zustands und Sanierungsbedarfs
Steuerliche Due Diligence	Prüfung der steuerlichen Auswirkungen und Optimierungen

Wirtschaftliche Due Diligence	Standort- und Marktanalyse
Umweltbezogene Due Diligence	Überprüfung von Altlasten und Umweltrisiken
Organisatorische Due Diligence	Bewertung der Hausverwaltung und Betriebskosten

Im Weiteren behandeln wir die Dinge konkreter, die für dich am Anfang deiner Investorenreise relevant sind.

Technische Due Diligence

Wenn du eine Wohnung in einem Haus kaufst, erwirbst du auch einen Anteil am gesamten Gebäude, einschließlich der Allgemeinflächen wie Dach, Keller, Gänge und Garten. Eine der wichtigsten Fragen ist dabei, wie hoch die Rücklage des Hauses ist – also wie viel Geld dort angespart wurde.

Die Höhe der Rücklage (Rücklagenfonds) gibt Aufschluss darüber, ob kürzlich Sanierungen durchgeführt wurden. Eine niedrige Rücklage kann auf kürzlich erfolgte Renovierungen hinweisen, während eine hohe Rücklage auf einen Sanierungsstau deuten kann. Zusammen mit den Protokollen der letzten Eigentümerversammlungen lässt sich der Zustand des Hauses gut einschätzen – der Blick vor Ort bleibt jedoch unerlässlich.

Sanierungen an der Fassade oder der Wärmedämmung sind meist schon auf den ersten Blick erkennbar. Der schlimmste Fall ist eine niedrige Rücklage bei gleichzeitigem Sanierungsstau, was häufig an einer schwachen Verwaltung oder an Eigentümern liegt, die Sanierungen vermeiden wollen.

Worauf sollte man bei der Due Diligence achten? Für die Besichtigung betrachten wir die Due Diligence getrennt für den Außen- und Innenbereich.

Außenbesichtigung

- **Fassade:** Gibt es Risse oder Absplitterungen? Hat das Gebäude eine Wärmedämmung? Wie ist der Zustand des Sockels?
- **Dach:** Wie sieht das Dach von außen aus? Gibt es lose Ziegel, Löcher oder Moosbefall? Sind die Dachrinnen durch Bäume verstopft? Häufig kann man mit etwas Entfernung zum Gebäude einen guten Blick auf das Dach werfen, Fotos machen und dann reinzoomen, um den Zustand zu beurteilen. Das gibt eine gute erste Auskunft. Trotzdem sollte auch der Dachboden besichtigt werden, sofern das Dach nicht ausgebaut wurde.
- **Fenster:** Wie ist der Zustand der Fenster? Sind es alte Holzfenster oder moderne Kunststofffenster mit zwei- oder dreifacher Verglasung? Gibt es sichtbare Mängel wie Lackabsplitterungen bei Holzfenstern?
- **Grundstück:** Gibt es übermäßige Grünflächen oder andere Dinge am Grundstück, die bei der Bewirtschaftung große Kosten verursachen können? Wie steht es um Mauern oder Zäune rund um das Grundstück? Sind diese in gutem Zustand? Stimmen die Grundstücksgrenzen des Hauses mit den Plänen überein?

Tipp

Makler zeigen oft nur die besten Seiten des Hauses – deshalb solltest du das Gebäude von allen Seiten inspizieren.

Innenbesichtigung

Wichtige Punkte abseits der Wohnräume beziehungsweise der Wohnung selbst sind der Keller, das Treppenhaus, die Energieeffizienz und das Dach. Im Folgenden nenne ich einige essenzielle Punkte, auf die du bei der Besichtigung genauer achten solltest. Dabei beziehen sich die Punkte zunächst allgemein auf ein Gebäude und ergänzend dazu gibt es Punkte speziell für Mehrfamilienhäuser.

Der Keller

- Wie steht es um Feuchtigkeit? Befindet sich sichtbar Wasser oder Kondenswasser im Keller, oder ist alles trocken?
- Gibt es sichtliche Wasserschäden?
- Wo ist der Stromzähler? Wie alt und in welchem Zustand ist dieser?
- Wie steht es um Wände, Träme, Stützträger oder Ähnliches im Keller? Gibt es Rost an Leitungen?

Für Mehrfamilienhäuser:

- Wie steht es um das Kellerabteil? Wie groß ist dieses? Gibt es überhaupt ein Kellerabteil, das der Wohnung explizit zugeordnet ist?
- Was für Kellerräume gibt es? Gibt es gemeinschaftlich genutzte Räume,Hobbyräume oder einen Waschraum?

Das Treppenhaus

- Gibt es Risse an Wänden oder Decken?
- Wie ist der Zustand der Treppen selbst?

Für Mehrfamilienhäuser

- Gibt es Handläufe? Wie ist deren Zustand?
- Ist ein Lift vorhanden? Geht dieser direkt in die Wohnebene oder in einen Zwischenstock? Ist das Haus barrierefrei, oder gibt es an einer oder mehreren Stellen Stufen zum Lift? Baujahr? Wie hoch sind die Betriebskosten des Lifts?
- Sind Wasserschäden im Treppenhaus zu sehen, die von einer Wohnung ausgehen?
- Wie ist der Zustand der Fenster im Treppenhaus?

Energieeffizienz des Hauses

- Wie sieht der Energieausweis aus und wie gut ist die Energieeffizienz?
- Wie ist das Haus gedämmt? Hat das Haus einen Vollwärmeschutz?
- Wann wurde die Fassade zuletzt saniert?
- Wie wird geheizt? Wann wurde die Heizung das letzte Mal getauscht bzw. wie alt ist sie?
- Wie alt sind die Leitungen? Sind diese dicht oder weisen sie offensichtliche Mängel auf, wie Wasseraustritt?
- Welche Fenster sind verbaut und wann wurden diese das letzte Mal getauscht?
- Welche Förderungen gibt es vom Staat, um die Energieeffizienz zu steigern?

Das Dach

- Wie sieht das Dach und der Dachstuhl von innen aus?
- Gibt es offensichtliche Wassereintritte, Schädlingsbefall oder andere Schäden?

- Wurde das Dach bereits ausgebaut?
- Gibt es eine Dämmung?

Die Wohnung

Bei der Besichtigung und der Due Diligence einer Immobilie ist es entscheidend, nicht nur den Zustand der Wohnung selbst zu beurteilen, sondern auch die sogenannten „soft facts“ zu berücksichtigen. Dazu zählen unter anderem der Grundriss, die Raumaufteilung, die Zugänglichkeit, die Abgrenzung der Räume und die Außenflächen. Achte beim Lokalaugenschein der Wohnung auf folgende Punkte:

Eingangstür

- Handelt es sich um eine Sicherheitstür?
- Sind Geräusche, etwa Schritte aus dem Flur, hörbar oder ist die Tür gut isoliert?

Lautstärke in der Wohnung

- Wie gut sind die Wände schallisoliert?
- Wie effektiv ist die Trittschalldämmung?
- Lässt sich in der Wohnung Geräusche oder Gespräche aus benachbarten Einheiten hören (nebenan, unter oder über der Wohnung)?
- Wie schallisoliert sind die Wände zwischen den Räumen? Dringt ein Geräusch aus dem Nebenraum durch?

Grundriss und Raumaufteilung

- Sind alle Räume separat zugänglich? Wären sie beispielsweise auch für eine WG-Vermietung geeignet?

Außenflächen

- Welche Zimmer haben Zugang zu den Außenflächen?
- In welchem Zustand befinden sich diese?
- Hängt der Balkon, gibt es Risse im Boden?
- Ist ein Wasseranschluss auf der Terrasse vorhanden?
- Tragende Wände und Umbaupotenziale: Gibt es viele tragende Wände, oder ließe sich die Raumaufteilung mit relativ wenig Aufwand verändern?

Raumhöhe

- Wie hoch sind die Räume? Wirkt der Raum offen und hell oder erdrückend?

WC und Badezimmer

- Gibt es ein separates WC, und ist dieses mit einem Handwaschbecken ausgestattet?
- Ist sich im Badezimmer eine Badewanne oder Dusche?
- Verfügt es über ein zusätzliches WC?
- Gibt es ein Fenster oder eine ausreichende Belüftung?
- Ist ein Waschmaschinenanschluss vorhanden?
- Wie hoch ist der Wasserdruck?

Elektrische Anlagen

- Wie alt sind die Elektroleitungen?
- Wie sieht der Sicherungskasten aus?
- Liegt ein aktueller E-Befund vor?
- Gibt es ausreichend Steckdosen in der Wohnung?

Bodenbeläge

- Welche Bodenbeläge sind verlegt (Laminat, Parkett, ...)?
- In welchem Zustand befinden sich diese?

Fenster

- Welche Fenster sind eingebaut und in welchem Zustand befinden sie sich?

Schäden und Feuchtigkeit

- Gibt es Anzeichen von Schimmel oder sichtbare Wasserschäden, insbesondere in Erdgeschosswohnungen, die durch aufsteigende Feuchtigkeit betroffen sein könnten, besonders wenn die Wohnung nicht unterkellert ist?

Risse und Struktur

- Sind Risse in Decken oder Wänden sichtbar?

Dachgeschosswohnungen

- Wie stark beeinflussen Dachschrägen den Raumkomfort in einer Dachgeschosswohnung? Werden die Räume durch schräge Wände unnötig eingeschränkt?

Die Bausubstanz

Wann wurde das Haus gebaut, und wie ist dessen Zustand? Wann fanden Sanierungen oder Umbauten statt? Wurden diese genehmigt, speziell, wenn tragende oder Zwischenwände entfernt wurden? Grundsätzlich sind bauliche Änderungen genehmigungspflichtig – Ausnahmen bestätigen jedoch die Regel.

Bei einem Kauf, egal ob bei einer einzelnen Wohnung oder bei einem gesamten Haus, sollte stets überprüft werden, ob alle Umbauten genehmigt sind, besonders in der Wohnung, die man erwerben möchte. Wichtig ist, dass das Nutzwertgutachten (AT) bzw. die Teilungserklärung (DE) mit den baulichen Plänen und den eingetragenen Anteilen im Grundbuch übereinstimmen. Diese Dokumente stimmen nicht immer überein, daher ist es ratsam, einen Anwalt für eine kurze Prüfung hinzuzuziehen.

Achte darauf, ob die Quadratmeterangaben korrekt sind. Gerade bei älteren Objekten, die oft mehrfach den Besitzer wechseln, können Ungenauigkeiten auftreten. Eine genaue Prüfung ist unerlässlich, um böse Überraschungen zu vermeiden. Ein Anwalt für Immobilienrecht kann hier wertvolle Hilfe leisten – ein kleiner Investitionsaufwand, durch den jedoch viel Geld gespart werden kann.

Die Unterlagen

Der Makler oder Verkäufer sollte vor oder spätestens zur Besichtigung folgende Unterlagen bereitstellen:

- Nutzwertgutachten (AT) bzw. Teilungserklärung (DE)
- Wohnungseigentumsvertrag (bei geteilter Liegenschaft)
- Gültiger Energieausweis
- Grundbuchauszug
- Mietverträge bei vermieteten Einheiten
- Protokolle der letzten drei Eigentümerversammlungen
- Betriebskostenabrechnungen der letzten drei Jahre
- Wirtschaftsplan des aktuellen Jahres
- Höhe der Reparaturrücklage
- (Außerbücherliche) Darlehen

- Grundrisspläne
- Versicherungspolicen und Informationen zu Vorschäden
- Ggf. Kopie der Bauakte und Vollmacht für Einsichtnahme
- Kontakt zur Hausverwaltung

Der Makler bzw. Verkäufer

Wichtig ist, beim Vor-Ort-Termin eine Beziehung zum Makler oder Verkäufer aufzubauen. Wie bei der Akquise ist auch hier soziale Intelligenz gefragt. Wir sollten das Prinzip der Reziprozität nutzen und nach Gemeinsamkeiten suchen. Ein perfektes Gespräch mit dem Verkäufer entwickelt sich nicht über Nacht. Deshalb empfehle ich, möglichst viele Besichtigungen zu absolvieren, um deine Gesprächskompetenz zu trainieren. So wirst du immer sicherer im Umgang.

Eine weitere hilfreiche Methode ist, einen erfahrenen Immobilieninvestor zu Besichtigungen zu begleiten, um praxisnah zu lernen und wertvolle Notizen zu machen. In meinen 1:1 Coachings begleite ich Mentees oft zu Besichtigungen, leite sie zunächst an und ziehe mich dann zurück, um anschließend Feedback zu geben.

Fragen an den Makler oder Verkäufer

Hier einige Fragen, die dir helfen können, mehr über die Immobilie zu erfahren und zwischen den Zeilen zu lesen:

- **Warum wird die Immobilie verkauft?** Die Antwort könnte eine Erbstreitigkeit, Scheidung oder Nachlassverwaltung sein. Wenn kein Profi-Investor oder Bauträger der Verkäufer ist, gibt es oft mehr Spielraum beim Preis.
- **Wie lange ist die Immobilie bereits in der Vermarktung?** Diese Information kann selbst recherchiert werden – die

Antwort gibt mir daher einen Rückschluss über die Ehrlichkeit des Maklers bzw. des Verkäufers sowie darüber, ob bzw. wie viel Verhandlungspotenzial besteht. Ein langer Verkaufsprozess deutet auf Verhandlungspotenzial hin.

- **Haben Sie einen Alleinvermittlungsauftrag?** Falls nicht, gibt es möglicherweise zusätzlichen Druck, da mehrere Makler die Immobilie anbieten.
- **Gibt es eine Deadline für den Verkauf?** Wenn der Verkäufer schnell verkaufen muss, kann das für dich von Vorteil sein – besonders, wenn du bereits alles zur Finanzierung geklärt hast.
- **Hat die Immobilie Probleme? Gibt es Mängel oder Feuchtigkeit?** Diese Fragen helfen, eventuelle zukünftige Reparaturen und Kosten zu erkennen.
- **Wann wurden die letzten Sanierungsmaßnahmen durchgeführt?** Gibt Aufschluss über den Zustand und mögliche zukünftige Investitionen.
- **Falls vermietet:** Wie lange ist der Mieter schon in der Immobilie? Wurden Mietanpassungen durchgeführt? Wurden Betriebskosten ordnungsgemäß weitergegeben?

Verhandlungstipps

Die Frage „Warum wird die Immobilie verkauft?" liefert wichtige Informationen. Ein Verkäufer, der auf eine schnelle Abwicklung angewiesen ist, schafft dir einen Vorteil, wenn du ein Angebot ohne Finanzierungsvorbehalt unterbreiten kannst (natürlich erst nach gesicherter Finanzierung).

In solchen Fällen, in denen der Verkäufer schnell verkaufen möchte, kann es sinnvoll sein, den Kaufpreis zuerst selbst zu zahlen (zum Beispiel durch Geld von Freunden oder Familie) und die Finanzierung später zu regeln, um die bestmöglichen Konditionen zu bekommen. Viele Verkäufer möchten nicht warten, bis der Käufer die Finanzierung geklärt hat, um dann im schlimmsten Fall wieder von vorn zu beginnen, wenn der mögliche Käufer keine Finanzierung bekommt.

Achtung: Wenn du auf diese Art und Weise kaufst, musst du dir sicher sein, dass du die Finanzierung auch bekommst. Das kannst du sicherstellen, indem du bereits für ein gleichwertiges Objekt eine Finanzierung genehmigt bekommen und mit der Bank abgesprochen hast, in welchem finanziellen Rahmen du dich bewegen kannst.

Was du im Gespräch mit dem Makler unbedingt vermeiden solltest, ist, über die Provision zu verhandeln – vor allem nicht beim ersten Kontakt. Stell dir vor, du wirst nach deinem Verdienst gefragt und dann soll dieser noch gesenkt werden. Nicht sehr motivierend, oder? Ich bevorzuge eine gegenteilige Strategie: Ich biete dem Makler eine höhere Provision an, wenn ich die Immobilie schnell kaufen kann.

Eine weitere Taktik ist, dem Makler eine höhere Provision zu bieten, wenn er den Preis für dich nach unten verhandelt. Dies erfordert einiges an Fingerspitzengefühl, Menschenkenntnis und Verhandlungsgeschick und ist deswegen etwas für Fortgeschrittene.

Rechtliche Due Diligence

Abschließend ein kurzer Blick auf die rechtliche Due Diligence. Viele Punkte übernimmt dein Anwalt im Rahmen der Kaufvertragserstellung, aber ein grundlegendes Verständnis schadet nie.

1. **Prüfung von Nutzwertgutachten (AT) bzw. Teilungserklärung (DE)**

   - **Nutzwertgutachten (Österreich):** Das Nutzwertgutachten dient in Österreich der Aufteilung des Gebäudes in einzelne Einheiten (wie Wohnungen, Parkplätze usw.). Es weist jeder Einheit einen **Nutzwert** zu, der die Grundlage für die Verteilung von Kosten und Stimmrechten bildet.

     Prüfpunkt: Ist die Wohnung korrekt parifiziert? Stimmen Nutzwerte und Flächenangaben mit der Realität überein? Wurden Änderungen (zum Beispiel Umbauten) korrekt berücksichtigt?
   - **Teilungserklärung (Deutschland):** Die Teilungserklärung legt fest, wie ein Gebäude in Sondereigentum (Wohnungen) und **Gemeinschaftseigentum** (Treppenhaus, Dach) aufgeteilt ist.

     Prüfpunkt: Sind Stellplätze, Kellerabteile oder Balkone korrekt dem Sondereigentum zugeordnet? Stimmen die im Kaufvertrag genannten Anteile mit der Teilungserklärung überein?

2. **Prüfung des Wohnungseigentumsvertrags**

   - Der Wohnungseigentumsvertrag regelt die Rechte und Pflichten der Eigentümergemeinschaft.

     Prüfpunkte:

     - **Nutzungsrechte:** Gibt es Sondernutzungsrechte (zum Beispiel Gartenanteile, Terrassen), die zu beachten sind?
     - **Kostenverteilung:** Wie werden Betriebskosten und Rücklagen aufgeteilt? Stimmen diese mit dem Nutzwertgutachten oder der Teilungserklärung überein?

- **Einschränkungen:** Gibt es Einschränkungen bei der Nutzung, beispielsweise eine gewerbliche Nutzung oder Haustierhaltung?

3. **Protokolle der Eigentümerversammlungen**
   - Die Protokolle der Eigentümerversammlungen geben Aufschluss über den Zustand der Immobilie und die Dynamik innerhalb der Eigentümergemeinschaft.

     Prüfpunkte:

     - **Beschlüsse:** Wurden größere Renovierungen oder Sanierungen beschlossen, die Kosten verursachen könnten?
     - **Konflikte:** Gibt es Streitigkeiten zwischen Eigentümern oder ungelöste Probleme in der Verwaltung?
     - **Langfristige Planung:** Wurden Rücklagen für künftige Maßnahmen gebildet und welche Maßnahmen sind geplant?

4. **Höhe der Rücklagen und Sanierungsstau**
   - Die Rücklagen sind entscheidend, um geplante und unerwartete Instandhaltungsmaßnahmen zu finanzieren.

     Prüfpunkte:

     - **Rücklagenstand:** Ist die Höhe der Rücklagen ausreichend im Verhältnis zur Größe und zum Zustand des Gebäudes?
     - **Sanierungsstau:** Gibt es einen Instandhaltungsrückstau, der hohe zukünftige Kosten verursacht (veraltete Heizungsanlagen, Fassadenschäden …)?
     - **Verteilung der Kosten:** Wie werden die Kosten für Sanierungen auf die Eigentümer verteilt?

5. **Prüfung der rechtlichen Mietsituation**

   - Falls die Wohnung vermietet ist, muss die rechtliche Situation des Mietverhältnisses genau geprüft werden.

     Prüfpunkte:

     - Mietvertrag: Entspricht der Mietvertrag den gesetzlichen Vorgaben bzw. welche Miethöhe darf verlangt werden?
     - **Mieteinnahmen:** Stimmen die vereinbarten Mieteinnahmen mit den Angaben des Verkäufers überein?
     - **Kündigungsfristen:** Gibt es besondere Vereinbarungen, die die Kündigung erschweren könnten?
     - **Mietrückstände:** Liegen Mietrückstände oder Konflikte mit dem Mieter vor?

6. **Zuordnung von Zubehör**

   - Oft gehören Zubehörteile wie ein Kellerabteil, ein Kfz-Stellplatz oder eine Garage zur Wohnung.

     Prüfpunkte:

     - **Rechtslage:** Sind diese Zubehörteile im Grundbuch oder der Teilungserklärung klar der Wohnung zugeordnet?
     - **Sondernutzungsrechte:** Falls Zubehörteile nicht im Sondereigentum stehen, gibt es dafür ein Sondernutzungsrecht?

7. **Gewährleistungsfälle**

   - Gewährleistungsansprüche gegen Bauunternehmer oder Bauträger können ein relevanter Punkt sein, insbesondere bei Neubauten oder kürzlich sanierten Immobilien.

Prüfpunkte:

- **Fristen:** Sind noch Gewährleistungsansprüche aktiv?
- **Mängel:** Gibt es bekannte Baumängel, für die der Verkäufer oder Bauträger haftet?
- **Reparaturmaßnahmen:** Wurden Mängel durch den Bauträger oder Handwerker bereits behoben?

Fazit

Die rechtliche Due Diligence ist beim Wohnungskauf unerlässlich, um rechtliche Fallstricke und versteckte Kosten zu vermeiden. Eine sorgfältige Prüfung von Nutzwertgutachten (AT) bzw. Teilungserklärung (DE), Wohnungseigentumsvertrag, Protokollen der Eigentümerversammlungen, Rücklagen, Mietverträgen, der Zuordnung von Zubehör und potenziellen Gewährleistungsfällen sorgt für Sicherheit und schützt vor bösen Überraschungen.

Meine persönliche Due-Diligence-Checkliste findest du zum Download in der *Immo Mentor Community*.

Immo Mentor Community:

13
Die Finanzierung

Eigenkapital ist ein scheues Reh – schwer zu finden
und meistens schnell wieder weg

Nachdem die beiden Jugendfreunde bereits über die Suche nach der richtigen Immobilie und die Bedeutung realistischer Kalkulationen sowie über die Due Diligence gesprochen hatten, lenkte Max das Gespräch auf ein weiteres zentrales Thema: die Finanzierung.

„Tom, ich habe jetzt ein besseres Verständnis dafür, wie ich die passende Immobilie finde und bewerte", begann Max. „Aber wie gehe ich die Finanzierung an? Welche Schritte sind notwendig, und worauf sollte ich besonders achten?"

Tom nickte eifrig. „Die Finanzierung ist ein entscheidender Bestandteil des Immobilienerwerbs", erklärte er. „Es ist wichtig, sorgfältig zu planen und die verschiedenen Optionen zu kennen, um eine solide Grundlage für dein Investment zu schaffen. Dafür solltest du dir einen Überblick über deine finanzielle Situation verschaffen. Ermittle, wie viel Eigenkapital du einbringen kannst und welche monatliche Rate für dich tragbar ist. Dabei ist es ratsam, einen finanziellen Puffer einzuplanen, um unerwartete Ausgaben abdecken zu können."

Max nickte nachdenklich. „Das klingt vernünftig, aber wie finde ich den passenden Kreditgeber und die besten Konditionen?"

„Ein Vergleich verschiedener Angebote ist unerlässlich", betonte Tom. „Unabhängige Finanzberater können dir dabei helfen, die für dich, besonders am Anfang, optimalen Konditionen zu finden. Achte auf den effektiven Jahreszins, die Tilgungsrate und mögliche Sondertilgungsoptionen. Auch die Zinsbindungsfrist spielt eine wichtige Rolle, da sie bestimmt, wie lange der vereinbarte Zinssatz gilt."

„Und was ist mit staatlichen Förderungen?", fragte Max.

„Es gibt verschiedene Förderprogramme, die du nutzen kannst", antwortete Tom. „Informiere dich über regionale und nationale Angebote, wie zinsgünstige Darlehen oder Zuschüsse für energieeffizientes Bauen und Sanieren. Diese können die Finanzierung manchmal erleichtern."

Max fühlte sich ermutigt und gleichzeitig herausgefordert. „Es scheint, als gäbe es viele Aspekte zu berücksichtigen. Aber mit deinem Rat fühle ich mich gut vorbereitet, diesen wichtigen Schritt anzugehen."

Geld bekommst du, wenn du es nicht brauchst, und wenn du es brauchst, bekommst du keines

Dieser Leitspruch hat mich oft davor bewahrt, unüberlegte Entscheidungen zu treffen. Es ist wichtig, Geld am besten dann aufzunehmen, wenn man es nicht dringend benötigt, da Banken und andere Institutionen in Krisenzeiten oft zögerlich sind. Als Immobilieninvestor bedeutet das, stets zu wissen, wie viel Kredit man mit der eigenen Bonität aufnehmen kann.

Für Investoren mit mehreren Objekten ist es ratsam, eine klare Übersicht über alle Immobilien zu führen. Wichtige Parameter sind dabei:

- Objektadresse
- Wohneinheiten (bei Häusern)
- Wohnfläche
- Nettomiete
- Betriebskosten
- Umsatzsteuer
- Rendite
- Ggf. Eigenkapitalrendite
- Eigene Rücklagen
- Höhe des eingesetzten Eigenkapitals
- Höhe des noch ausständigen Kreditbetrages
- Besondere Merkmale (Freiflächen, Lift etc.)

Mit der Zeit entwickelt man ein gutes Gespür für die Finanzierungsprozesse und weiß, wie man am besten vorgeht.

Dennoch ist die Immobilienfinanzierung ein kreativer Prozess, bei dem die richtige Struktur über den Erfolg entscheidet.

Schritt 1 – Vorzeitige Finanzierungsanfrage

Zu Beginn meiner privaten Coachings mit Mentees bereiten wir die Finanzierungsunterlagen vor und stellen anhand eines Musterprojekts eine Finanzierungsanfrage. Es ist entscheidend, die Finanzierung bereits zu sichern, bevor man mit der Objektsuche beginnt. Denn wenn die perfekte Wohnung verfügbar ist, möchte man schnell handlungsfähig sein. Spätestens bei der Frage „Mit oder ohne Finanzierungsvorbehalt?“ merkt man, wie wichtig eine feste Finanzierung ist. In der Praxis führen Angebote mit Finanzierungsvorbehalt selten zu den besten Deals. Daher ist es sinnvoll, sich schon vorher um die Finanzierung zu kümmern.

Schritt 2 – Die benötigten Unterlagen

Für eine Finanzierungsanfrage bei der Bank sind folgende Unterlagen erforderlich:

Persönliche Daten

- **Privatpersonen:**
  - Reisepass oder Personalausweis
  - Meldezettel
  - (Geburtsurkunde)
  - Sozialversicherungsnummer
  - Einkommensteuerbescheide der letzten drei Jahre
  - Einkommensnachweis (zum Beispiel Gehaltszettel der letzten sechs Monate)

- Dienstvertrag oder Bestätigung über ein unbefristetes Arbeitsverhältnis
- Haushaltsrechnung
- Vermögensnachweis

- **Unternehmen oder Selbstständige:**
  - Die letzten drei Jahresabschlüsse
  - Bestätigung der Krankenkasse(n), dass keine Rückstände bestehen sowohl für Mitarbeiter als auch für dich selbst als Unternehmer
  - Bestätigung des Finanzamts, dass keine Rückstände bestehen

Haushaltsrechnung

- **Monatliche Einnahmen**
  - **Nettoeinkommen:** Gehalt oder regelmäßiges Einkommen aus selbstständiger Arbeit
  - **Weitere Einnahmen:** zum Beispiel Mieteinnahmen, Kindergeld, Nebenjob, Kapitalerträge

- **Monatliche Ausgaben**
  - Fixkosten
  - Miete oder Kreditrate
  - Strom, Wasser, Heizung
  - Versicherungen
  - Internet/Telefon
  - Kfz-Kosten (Leasing, Benzin, Versicherung)
  - Kinderbetreuung
  - Lebenshaltungskosten
  - Lebensmittel
  - Kleidung
  - Freizeit (Hobbys, Urlaub etc.)

- **Weitere Kosten**
  - Kreditraten zum Beispiel von bestehenden (Konsum-) Krediten
  - Rücklagen/Sparen
  - Andere regelmäßige Ausgaben

Ein Muster für die Haushaltsrechnung als Excel Sheet findest du im *Immo Mentor Classroom* unter *Vorlage Finanzierungsanfrage.*

Immo Mentor Community:

Vermögensaufstellung

Viele Menschen geben bei der Vermögensaufstellung nicht alle ihre Vermögenswerte an, weil sie glauben, die Bank würde dann mehr Eigenmittel verlangen. Dieser Irrglaube ist weitverbreitet. In Wirklichkeit betrachtet die Bank jedes Vermögen positiv, da es die langfristige Fähigkeit zur Schuldentilgung belegt. Daher sollten alle Vermögenswerte – einschließlich Uhren, Oldtimer, Schmuck, Gold, Silber, Kryptowährungen, Lebensversicherungen und mehr – vollständig angegeben werden. Je mehr Vermögen du nachweisen kannst, umso besser werden deine Konditionen ausfallen.

Ebenso wichtig ist es, alle Ausgaben und laufenden Verpflichtungen wie Leasing- und Kreditverbindlichkeiten korrekt anzugeben. Wer hier schummelt, riskiert, dass die Bank das Darlehen vorzeitig zurückfordert. Das wird die Bank aber nie ohne Vorgespräch tun. Es empfiehlt sich, die Vermögensaufstellung gemeinsam mit einem Finanzexperten oder jemandem, der Erfahrung mit Finanzierungen hat, auszufüllen, um Fehler zu vermeiden und sicherzustellen, dass alles korrekt und vollständig ist.

Immo Mentor Community:

Ein Muster für die Vermögensaufstellung als Excel Sheet findest du ebenso im *Immo Mentor Community Classroom* unter *Vorlage Finanzierungsanfrage*.

Immo Mentor Supplier Hub:

Wenn du eine Finanzierung benötigst oder auf der Suche nach einer besseren Alternative bist, helfe ich dir gerne dabei. Schau im *Immo Mentor Supplier Hub* vorbei oder schreibe mir direkt an *office@derimmomentor.com*.

Objektdaten

- Exposé
- Größe
- Stockwerk
- Lift
- Außenfläche (Balkon, Terrasse, Garten)
- Kellerabteil
- Grundriss
- Lageplan
- Bilder
- Energieausweis

- Nutzwertgutachten
- WEG-Vertrag
- E-Befund
- Grundbuchauszug
- ggf. (geplante) Mieteinnahmen
- und Cashflowberechnung

Schritt 3 – Die Bank

Viele Menschen gehen zuerst zur „Hausbank“, auch wenn diese durch Online-Banken an Bedeutung verliert. Dennoch hat fast jeder eine Bank, zu der er ein gewisses Vertrauen aufgebaut hat. Ein Problem an der Hausbank: Sobald man dort ein Finanzierungsgespräch führt, können einmal festgelegte Konditionen oft nicht mehr verbessert werden – selbst wenn die Bank bessere Angebote hat. Nur weil es die vertraute Hausbank ist, bedeutet das nicht, dass sie immer die besten Konditionen bietet, besonders für Stammkunden.

Gerade bei der ersten Finanzierung kann es sinnvoll sein, einen vertrauenswürdigen Finanzierungsvermittler aufzusuchen. Vertrauenswürdig meine ich hier im wahrsten Sinne des Wortes – am besten jemand, der dir durch Empfehlungen von Personen mit eigenen, positiven Erfahrungen nahegebracht wurde.

Egal, ob du mit einem Finanzierungsvermittler oder direkt mit der Bank zusammenarbeitest: Die geforderten Unterlagen sind grundsätzlich bei allen Banken gleich, nur die Form und Aufbereitung der Dokumente variieren.

Die Finanzierungsanfrage

Hier findest du ein Beispiel für eine Anfrage per E-Mail an deine Bank oder den Finanzierungsvermittler. Diese musst du nur noch mit deinen Zahlen und Informationen befüllen.

Betreff: Zusammenarbeit bezüglich Finanzierung

Sehr geehrte/r Herr/Frau [Nachname],

über [XY] habe ich Ihre Kontaktdaten erhalten und möchte mich nun gerne mit Ihnen bezüglich der Finanzierung des folgenden Objektes in Verbindung setzen. Wie bereits telefonisch besprochen, würde ich mich freuen, mit Ihnen in dieser Angelegenheit zusammenzuarbeiten. Im Anhang finden Sie die relevanten Informationen, die mir bisher vorliegen. Sollten Sie weitere Details benötigen, stehe ich Ihnen selbstverständlich jederzeit zur Verfügung.

KAUFPREIS & INVESTITION:

- Kaufpreis 000.000,00 € + Nebenkosten 00.000,00 €
- + Sanierungskosten in Höhe von ca. 0.000,00 €
- GIK: 000.000,00 €
- = 0.000,00 € / m²
- (Profitipp: Mittelwert lt. Bewertungstool angeben: 0.000,00 € / m²)

FINANZIERUNG:

- Finanzierungswunsch: 100 % Finanzierung, Nebenkosten werden selbst getragen.
- 1 Jahr tilgungsfrei
- Finanzierung über 30 Jahre
- Rückzahlung jederzeit möglich, ohne Vertragsstrafe
- Sicherheit: Immobilie

HINWEIS

In Deutschland ist es üblich, statt einer Gesamtlaufzeit den Zins und Tilgung separat zu vereinbaren, zum Beispiel dreieinhalb Prozent Zins und ein Prozent Tilgung = viereinhalb Prozent Annuität. Die klassische Finanzierungsvariante ist ein Fixzins auf zehn Jahre, danach sucht man sich eine Anschlussfinanzierung bei der gleichen Bank oder auch bei einer anderen.

Objektdaten:

- Größe: 00,00 m^2
- Terrasse: 00,00 m^2
- Baujahr: 18xx oder 19xx oder 20xx
- (Aufzug vorhanden)
- (Parkplatz)
- (Kellerabteil: 0,00 m^2)
- Vorteile aufzeigen (geringes Hausgeld/Betriebskosten, große Terrasse ...)
- Sanierungen aufzeigen: Was wurde in der Wohnung bzw. im Haus schon alles gemacht (beispielsweise Kernsaniert, Fassade des Hauses vor zwei Jahren gemacht etc.)?

Anhänger:

- Exposé
- Cashflowberechnung
- Grundriss
- Lageplan
- Bilder
- Energieausweis
- Nutzwertgutachten
- WEG-Vertrag
- E-Befund
- Grundbuchauszug

Käuferdaten:

Käufer 1:

- Vermögensaufstellung
- Haushaltsrechnung
- Von Firmen: Jahresabschlüsse der letzten drei Jahre
- Von privat: Gehaltsnachweis der letzten sechs Monate + Einkommensteuererklärung letzte drei Jahre
- Reisepass
- Meldenachweis
- Lebenslauf
- + ggf. Investorenbroschüre

(Käufer 2:)

- wie bei Käufer 1

Ich freue mich auf gute Geschäfte und ein baldiges Kennenlernen mit Ihnen.

Mit freundlichen Grüßen

Max Mustermann

Schritt 4 – Die Konditionen

Auch mit der Bank darf und sollte man verhandeln. Selten werden einem im ersten Gespräch die besten Konditionen angeboten. Falls du einen Finanzierungsvermittler beauftragst, ist es dessen Aufgabe, für dich mit der Bank zu verhandeln und die besten Konditionen herauszuholen.

Aus welchen Faktoren setzen sich die Konditionen zusammen?

Hier eine Übersicht:

- **Zinssatz:**
  - Der Zinssatz ist ein entscheidender Faktor bei der Immobilienfinanzierung, da er die Kosten des Kredits und damit die monatliche Belastung bestimmt. Grundsätzlich gilt: Je niedriger der Zinssatz, desto günstiger ist die Finanzierung.
  - Es ist wichtig, zwischen Soll- und Effektivzinssatz zu unterscheiden. Der Sollzinssatz ist der reine Zinssatz, der für den Kredit vereinbart wird. Der Effektivzinssatz hingegen berücksichtigt zusätzlich alle Nebenkosten, wie Bearbeitungsgebühren oder Bereitstellungsgebühren und gibt somit die tatsächlichen Kosten des Kredits an.
  - Der Effektivzins ist immer höher als der Sollzins, da er die zusätzlichen Kosten berücksichtigt. Wenn du Darlehensangebote vergleichst, solltest du deshalb immer auf den Effektivzins schauen, um die tatsächlichen Konditionen zu bewerten.
- **Gesamtlaufzeit:** Die Gesamtlaufzeit zeigt, wie lange du brauchst, um deinen Kredit komplett zurückzuzahlen. Eine längere Laufzeit bedeutet niedrigere Monatsraten, aber mehr Zinsen insgesamt. Eine kürzere Laufzeit spart Zinsen, erfordert aber höhere Raten. Wähle die Laufzeit so, dass sie zu deiner finanziellen Situation passt und du mit ihr ruhig schlafen kannst.
- **Fixzins vs. Variabler Zins:**
  - **Fixzinsen** sind wie ein sicherer Hafen. Du weißt von Anfang an, wie hoch deine Zinsen sind und das bleibt auch so, egal, was am Markt passiert. Das gibt dir Planungssicherheit, denn deine Rate bleibt über die gesamte Fixzinsperiode gleich. Du musst dir also keine Sorgen

machen, dass deine Zinsen plötzlich steigen und du mehr bezahlen musst.

- **Variable Zinsen** sind dagegen wie eine Achterbahnfahrt. Sie können steigen oder fallen, je nachdem, wie sich der Markt entwickelt. Das kann gut sein, wenn die Zinsen fallen, aber auch schlecht, wenn sie steigen. Mit variablen Zinsen kannst du Glück haben und weniger bezahlen, aber du trägst auch das Risiko, dass deine Rate plötzlich steigt und du mehr bezahlen musst.
- Was ist besser? Das kommt ganz auf dich und deine persönliche Situation an. Wenn du Sicherheit und Planbarkeit schätzt, sind Fixzinsen wahrscheinlich die bessere Wahl. Wenn du aber risikobereiter bist und auf niedrigere Zinsen hoffst, könnten variable Zinsen interessant sein. Meine Empfehlung, speziell für dein erstes Investment, ist ganz klar der Fixzins.

- **Annuität/Tilgung:** Stell dir deine monatliche Kreditrate wie einen Kuchen vor: Ein Teil davon sind die Zinsen für die Bank, der andere Teil ist die Tilgung. Die Tilgung ist der Betrag, mit dem du jeden Monat dein Darlehen abbezahlst – quasi das Stück Kuchen, das du behältst und das dein Vermögen aufbaut! Annuität bedeutet einfach, dass deine Rate über die gesamte Laufzeit gleich bleibt. So weißt du immer genau, was auf dich zukommt und kannst deine Finanzen optimal planen.
- **Fixzins-Laufzeit:** Die Fixzins-Laufzeit ist die Zeit, in der dein Zinssatz fix bleibt und sich nicht ändert. Stell es dir wie einen Schutzschild vor, der dich für eine bestimmte Zeit vor Zinsänderungen schützt. Du weißt also genau, was du jeden Monat zahlst, und musst dir keine Sorgen machen, dass deine Raten plötzlich steigen. In Deutschland sind zehn Jahre üblich, aber das ist variabel.

- **Tilgungsfreie Zeit:** Die tilgungsfreie Zeit ist eine Phase, in der du nur die Zinsen für dein Darlehen zahlst, aber noch keine Schulden zurückzahlst. Das kann dir finanziellen Spielraum verschaffen, zum Beispiel am Anfang einer Finanzierung, wenn du erst mal andere Kosten wie Renovierungen oder Kaufnebenkosten stemmen musst. Allerdings bleibt deine Restschuld in dieser Zeit gleich, und du zahlst insgesamt länger Zinsen.
- **Zinsfreie Zeit:** In dieser Zeit musst du weder Zinsen noch Tilgung zahlen – deine Rate ist also null! Das ist super, um deine Finanzen zu schonen, gerade nach dem Immobilienkauf. Aber Achtung: Die Restschuld bleibt gleich, und die Zinsen fallen später an.
- **Gesamtkapitaldienst:** Das ist der Gesamtbetrag, den du im Laufe der Zeit an die Bank zurückzahlst. Das beinhaltet sowohl die Zinsen als auch die Tilgung. Es ist quasi der Gesamtbetrag, den dein Immobilienkredit insgesamt kostet.
- **Endfälligkeit (Ballon):** Das ist ein Betrag, der am Ende der vereinbarten Laufzeit auf einmal fällig wird. Ein endfälliger Anteil bei der Finanzierung senkt deine monatliche Rate, erhöht jedoch den Gesamtzinsaufwand.

Steuerfreies Geld

Ein großer Vorteil beim Investieren in Immobilien ist das steuerfreie Geld in Form von Fremdkapital. Wenn du eine Immobilie finanzierst, stellt dir die Bank das benötigte Kapital zur Verfügung – und dieses Geld ist steuerfrei. Im Gegensatz dazu ist dein eingesetztes Eigenkapital bereits durch die Einkommensteuer oder andere Abgaben belastet. Das bedeutet, dass dir Fremdkapital eine Möglichkeit bietet, dein Investment zu hebeln, ohne dass zusätzliche Steuern auf den erhaltenen Kreditbetrag fällig werden. So kannst du mit weniger Eigenkapital mehr Immobilien erwerben und gleichzeitig die Steuerbelastung in deinem Investmentprozess minimieren. Ein intelligenter Einsatz von Fremdkapital kann also nicht nur deinen finanziellen Hebel erhöhen und deine Rendite optimieren, sondern gleichzeitig noch mehr Steuern sparen.

14

Der Kaufvertrag und das Grundbuch

Liebe vergeht, Hektar besteht

Bei ihrem nächsten Treffen füllte Max sein erstes Kaufangebot aus. „Tom, ich habe jetzt schon einiges über die Suche und Bewertung von Immobilien gelernt. Aber was passiert eigentlich, wenn ich mich für eine Immobilie entschieden habe? Wie du siehst, bin ich gerade dabei, mein erstes Angebot abzugeben, und ich frage mich jetzt, wie es dann weitergeht? Wie läuft das mit dem Kaufvertrag, dem Notar und dem Grundbuch ab?“

Tom antwortete: „Das ist ein sehr wichtiger Schritt, Max. Nachdem du eine Immobilie gefunden hast, die deinen Kriterien entspricht, und du dich mit dem Verkäufer über den Preis einig geworden bist, wird meistens ein Kaufangebot unterbreitet. In Österreich ist ein schriftliches Kaufangebot sogar bindend. Auf dieser Basis wird dann ein Kaufvertragsentwurf erstellt. Dieser wird in der Regel von einem Anwalt vorbereitet, der entweder als neutraler Vermittler zwischen Käufer und Verkäufer oder als Vertreter einer Seite fungiert. Meistens ist der Vertragserrichter auch Treuhänder für die Abwicklung der Geldflüsse und für die Eintragung im Grundbuch.“

„Warum ist eine Rechtsberatung beim Kaufvertrag eigentlich so wichtig?", fragte Max.

„Dein Rechtsberater sollte möglichst schon im Vorfeld die Unterlagen zum Objekt prüfen, wenn du dir noch nicht bei allen Themen ganz sicher bist. Einen Notar benötigt man dann beim Unterzeichnungstermin, dort beglaubigt er die Unterschriften der Parteien und stellt somit die Identität der Parteien sicher.“

Max nickte nachdenklich. „Und was hat es mit dem Grundbuch auf sich?“

„Das Grundbuch ist ein Register, in dem alle Grundstücke und deren Eigentümer verzeichnet sind. Nach der Unterzeichnung des Kaufvertrags veranlasst der Treuhänder die Umschreibung des Eigentums im Grundbuch. Erst mit dieser Eintragung wirst du offiziell zum Eigentümer der Immobilie. Es ist auch wichtig, das Grundbuch vor dem Kauf einzusehen, um sicherzustellen, dass keine Belastungen oder Rechte Dritter, wie Wegerechte oder Hypotheken, auf der Immobilie lasten."

„Das klingt nach einem ziemlich formellen Prozess", bemerkte Max.

„Das ist er auch und das ist gut so", bestätigte Tom. „Denn diese Formalitäten schützen dich als Käufer und den Verkäufer zugleich. Sie stellen sicher, dass der Eigentumsübergang reibungslos verläuft und du keine unerwarteten Überraschungen erlebst. Es ist wichtig, diesen Prozess sorgfältig und mit der nötigen Aufmerksamkeit anzugehen.

Max unterzeichnete das Kaufangebot. „Danke, Tom. Drück mir die Daumen, dass der Verkäufer mein Angebot annimmt!"

Kaufangebot und Zusage

In Deutschland erfolgt die Zusage an den Käufer entweder mündlich oder schriftlich per E-Mail, in Österreich passiert dies in aller Regel mit einem vom Verkäufer gegengezeichneten Kaufangebot, das rechtsverbindlich ist. Mit Annahme des Kaufangebots kommt in Österreich bereits der Kauf zustande, das heißt, beide Parteien sind dann an den Vertrag gebunden und können auch nicht davon mehr zurücktreten.

In das Kaufangebot kann man Vorbehalte einarbeiten. Der gängigste Vorbehalt ist der Finanzierungsvorbehalt – wenn also die Finanzierung bisher nicht gesichert ist. Der Kaufvertrag ist dann eigentlich nur noch Formsache, in dem weitere Details geregelt werden.

Kaufnebenkosten

Einen wichtigen Punkt möchte ich noch vorwegnehmen, der leider oft in der Kalkulation vergessen wird, bevor wir zum Ablauf des Kaufs und zur Zusammensetzung des Kaufvertrages kommen. Richtig, die Kaufnebenkosten, oft auch als Nebenkosten (NK) dargestellt.

Die Nebenkosten machen in Österreich rund 10 bis 13 Prozent aus, in Deutschland je nach Bundesland 10 bis 18 Prozent. Im Folgenden findest du eine Übersicht der üblichen Nebenkosten für Österreich und Deutschland. Wenn nicht anders angegeben, berechnen sich die Nebenkosten immer vom Kaufpreis, der im Kaufvertrag ausgewiesen ist. Diese setzen sich zusammen aus:

Nebenkosten-Art	Deutschland	Österreich
Grunderwerb-steuer (GrESt)	3,5 bis 6,5 % je nach Bundesland	3,5 %
Grundbuch-eintragungsgebühr	0,5 %	1,1 %
Maklerhonorar	3,6 bis 7,2 % brutto	3,6 % brutto (3 % netto)
Kaufvertrags-errichtung	0,5 bis 3 %	0,5 bis 3 %
Pfandrecht bei Fremdfinanzierung auf Finanzierungs-summe	1,2 %	1,2 %
Gesamtkosten	**ca. 10 bis 18,4 %**	**ca. 10 bis 12,5 %**

Hinweis Maklerhonorar

Das Maklerhonorar kann durchaus Vereinbarungssache sein. Der Makler kann beim Honorar zum Beispiel nachlassen, damit der Deal zustande kommt. Oder man selbst kann den Makler incentivieren, da man das Objekt unbedingt haben will und deswegen sein Honorar erhöht.

Man kann auch mit dem Makler eine Vereinbarung treffen, dass er ein höheres Honorar bekommt, wenn er einen niedrigeren Preis für dich als Käufer durchsetzen kann. In Österreich kann das Maklerhonorar sogar vier Prozent betragen, jedoch nur dann, wenn der Kaufpreis unter 36.336,42 € liegt. Das wäre dann auch verkraftbar, würde ich meinen.

Kaufvertragserrichtung

Der Kaufvertrag wird in der Regel vom Vertragserrichter und Treuhänder erstellt, das kann ein Rechtsanwalt oder Notar sein. In Österreich sind Rechtsanwälte und Notare strikt getrennt. Grundsätzlich kann auch ein Notar direkt den Kaufvertrag errichten und beglaubigen, ich empfehle dir jedoch, zu einem spezialisierten Immobilienrechtsanwalt zu gehen, der dich dann auch bei anderen Angelegenheiten beraten und dich vor Gericht fachkundig vertreten kann, wenn das darauf ankommt. In Deutschland kann eine Person Rechtsanwalt und Notar zugleich sein.

Die prozentualen Kosten des Kaufvertrages richten sich vor allem nach der Größenordnung. Kaufst du eine Wohnung um 50.000 €, wird der Prozentsatz höher ausfallen (hier sind auch zwei bis drei Prozent gerechtfertigt, also 1.000 € – 1.500 €), als wenn du eine Immobilie kaufst, die mehrere Millionen Euro kostet. In solchen Fällen kann das Honorar auch unter einem Prozent des Kaufpreises liegen. Drei Prozent sind aber in aller Regel das Maximum, mit dem du rechnen musst. Mit den meisten Rechtsanwälten kann man ein Pauschalhonorar von einem bis anderthalb Prozent netto zzgl. Barauslagen (wie Antragsgebühren und Beglaubigungskosten) vereinbaren.

Pfandrecht bei Fremdfinanzierung

Die 1,2 Prozent Pfandrechtsgebühr wird nicht vom Kaufpreis, sondern von der Höhe der Finanzierungssumme, also der Höhe des Darlehens, das du von der Bank bekommst, berechnet. Bei einem Kaufpreis von 150.000,00 €, 30.000,00 € Eigenmittelanteil und 120.000,00 € Fremdfinanzierung durch Darlehen beträgt die Pfandrechtseintragungsgebühr somit

$$120.000{,}00\,€ \times 0{,}012 = 1.440{,}00\,€$$

Weitere Nebengebühren

Wenn du denkst, dass die oben aufgeführte Tabelle der Nebenkosten bereits umfassend war, muss ich dich an dieser Stelle leider enttäuschen. Es gibt noch weitere, jedoch geringere Gebühren bei der Fremdfinanzierung mittels Hypothekardarlehen, und zwar:

- Anmerkung der Rangordnung sowie Kosten der Errichtung der Schuldurkunde nach Notartarif: wenige hundert Euro
- Barauslagen für Beglaubigung der Unterschriften nach Notartarif: wenige hundert Euro, teils unter hundert Euro
- Kosten für mögliche Schätzungen durch Bank oder einen Sachverständigen: in der Regel in paar hundert Euro oder ein Promillesatz des Kaufpreises
- Ggf. Vermittlungsprovision für Darlehen durch Finanzierungsmakler

Nun widmen wir uns dem Kaufvertrag.

Der Kaufvertrag

Folgende Schritte sind beim Kaufvertrag zu durchlaufen:

1. Kaufvertrag in Auftrag geben.
2. Kaufvertrag gründlich lesen und ggf. Änderungen vornehmen lassen.
3. Kaufvertrag wird vom Vertragserrichter an den Verkäufer übermittelt + ggf. Feedbackschleife.

4. Wenn sich Käufer und Verkäufer einig sind, wird ein Termin zur Kaufvertragsunterzeichnung vereinbart (offline oder online).
5. Nachdem der Kaufvertrag unterzeichnet ist, wird der Kaufpreis auf das Treuhandkonto eingezahlt: von dir der Eigenmittelanteil, von der Bank der Fremdfinanzierungsanteil. Die Bank tauscht sich dabei meistens direkt mit dem Treuhänder aus und sendet ihm die Bedingungen, unter denen sie den Kaufpreis auf dem Treuhandkonto einzahlen wird (v.a. Eintragung eines Pfandrechts für die Bank auf den erworbenen Anteilen).
6. Sobald der gesamte Kaufpreis auf dem Treuhandkonto eingegangen ist, erfolgt in der Regel die Übergabe der Wohnung an den Käufer, oft auch durch den Makler.
7. Nachdem die Übergabe erfolgt ist, wird das Eigentumsrecht des Käufers in das Grundbuch eingetragen und das des Verkäufers gelöscht.
8. Nachdem die Grundbucheintragung des Käufers erfolgt ist, zahlt der Treuhänder den Kaufpreis an den Verkäufer aus.

Nun aber im Detail.

Schritt 1 – Kaufvertrag in Auftrag geben

Nachdem du die Zusage für dein Objekt erhalten hast, gibst du in der Regel als Käufer den Auftrag zur Kaufvertragserrichtung an den Vertragserrichter (Rechtsanwalt oder Notar) deiner Wahl. Hier ist es sinnvoll, nach vertrauenswürdigen Empfehlungen im Netzwerk zu fragen. Gerne helfe ich dir mit meiner Empfehlung und stelle dir meine persönlichen Dienstleister zur Seite.

Meine Empfehlungen, sowie auch meinen persönlichen Rechtsanwalt findest du im *Immo Mentor Supplier Hub*, hier kannst du auch direkt Kontakt mit mir aufnehmen.

Immo Mentor Supplier Hub:

Meistens hast du nach wenigen Tagen einen Kaufvertragsentwurf vorliegen. Neben dem Kaufvertrag gibt es in der Regel eine gesonderte Treuhandvereinbarung, in der festgelegt wird, wie der Treuhänder die Abwicklung umzusetzen hat; diese Bedingungen sind meistens relativ standardisiert. Oft lohnt es sich, offene rechtliche Fragen zum Objekt (zum Beispiel ob mit dem Wohnungseigentum alles in Ordnung ist und welcher Mietzins zulässig ist) schon im Vorfeld mit deinem persönlichen Rechtsanwalt zu besprechen.

Schritt 2 – Kaufvertrag gründlich lesen

Wichtig ist, den Kaufvertragsentwurf gründlich zu lesen. Es ist üblich, dass du den Kaufvertragsentwurf zuerst bekommst, da du ihn in Auftrag gegeben hast. An dieser Stelle bitte keine falsche Scham. Wenn du etwas nicht verstehst, dann frag besser einmal zu viel nach als einmal zu wenig. Auch ich lerne, je nach Größe des Deals, immer wieder Dinge dazu, die ich erst einmal hinterfragen muss. Das ist normal und gehört dazu. Dein Vertragserrichter bzw. Rechtsanwalt ist auch genau dafür da, dir diese Fragen zu beantworten, damit der Inhalt auch deinem Willen entspricht.

Lass den Kaufvertrag bitte nicht wochenlang liegen. Der Inhalt ändert sich nicht, auch wenn du ihn ignorierst. Es wirkt jedoch unprofessionell, vor allem dem Makler und Verkäufer gegenüber, mit denen du im besten Fall ja wieder schnelle Geschäfte machen möchtest. Lies dir den Vertrag also am besten noch am Tag des Erhalts durch und gib schriftliches Feedback via E-Mail an deinen Anwalt.

Schritt 3 – Kaufvertrag an Verkäufer übermitteln

Nachdem du den Kaufvertrag gelesen und freigegeben hast, übermittelt der Vertragserrichter den Kaufvertrag an den Verkäufer. Wenn der Verkäufer keine Einwände hat, geht's zum nächsten Schritt: der Unterzeichnung des Kaufvertrages. Sollte der Verkäufer noch Einwände oder Wünsche äußern, kommt es zu einer oder mehreren Korrekturschleifen, die in der Regel via E-Mail hin und her gehen.

Dieser Prozess kann sehr schnell gehen, er kann aber auch mehrere Wochen dauern. Je größer der Deal, umso länger dauert es in der Regel. Bei einer Wohnung wird es relativ schnell gehen, da hier nicht so viele Details zu berücksichtigen sind wie bei einem großen Gewerbeobjekt oder Zinshaus.

Schritt 4 – Termin zur Kaufvertragsunterzeichnung

Nachdem sich Käufer und Verkäufer über den Inhalt des Kaufvertrages einig sind, schreiten sie zum Unterzeichnungstermin. Jetzt wird's spannend. Im Normalfall finden diese Termine persönlich und vor Ort in der Kanzlei des Rechtsanwaltes oder Notars statt und beide Seiten, Käufer und Verkäufer, sind persönlich anwesend. Speziell bei deiner ersten Wohnung würde ich dir unbedingt empfehlen, dies so zu handhaben und dir dieses spannende Erlebnis nicht entgehen zu lassen. Dieser Termin wird zwar mit ein wenig Nervosität verbunden sein, aber das ist auch vollkommen in Ordnung. Es ist ja dein erstes Mal.

Falls du es selbst nicht schaffst, anwesend zu sein, ist es auch möglich, jemandem eine Vollmacht zu erteilen, damit diese Person dich vertreten und den Kaufvertrag unterzeichnen kann. Diese Vollmacht muss allerdings notariell beglaubigt sein. Vice-versa gilt das natürlich für den Verkäufer, der sich ebenfalls vertreten lassen kann. Mittlerweile ist es auch möglich, Beglaubigungen online abzuwickeln.

Ich persönlich nutze hierfür die Plattform des Start-ups *Notarity*. Im *Immo Mentor Supplier Hub* kannst du dir hier direkt eine Anfrage stellen. Beglaubigungstermine bekommt man meistens am selben Tag!

Immo Mentor Supplier Hub:

Schritt 5 – Kaufpreiszahlung auf Treuhandkonto

Nachdem die Tinte trocken ist, geht's ans Eingemachte. Jetzt muss Geld fließen. In der Regel hast du mit einer Bank eine Finanzierung vereinbart und diese überweist den Fremdfinanzierungsanteil, den Darlehensbetrag, nach Abruf durch den Treuhänder (Vertragserrichter) auf das Treuhandkonto.

Wichtiger Hinweis

Bitte achte darauf, dass du unbedingt vor dem Kaufvertragstermin die Finanzierung gesichert hast und auch der Darlehensvertrag vor dem Kaufvertragsunterzeichnungstermin bei der Bank unterzeichnet wurde. Ist das erledigt, kann es zu keinen bösen Überraschungen mehr kommen. Ich habe es schon zu oft erlebt, dass der Kaufvertrag unterzeichnet ist und dann plötzlich die Finanzierung platzt. Deshalb eins nach dem anderen.

Gleichzeitig mit der Zahlung des Darlehensbetrages durch die Bank zahlst du deinen Eigenmittelanteil ebenfalls auf das Treuhandkonto ein. Die Nebenkosten wie Grunderwerbsteuer und Eintragungsgebühr werden meist auf ein weiteres separates Konto eingezahlt. Das mag jetzt vielleicht verwirrend klingen, ist aber ganz einfach. Die genauen Beträge und Konten mit Angabe der jeweiligen IBAN sind im Kaufvertrag klar ausgewiesen. Zusätzlich sendet dir ein guter Rechtsanwalt nach dem Unterzeichnungstermin aber auch noch eine einfache und strukturierte E-Mail zu mit Anweisungen, welchen Betrag du auf welches Konto mit welchem Verwendungszweck zu überweisen hast. Super einfach also.

Wenn der Kaufvertrag nicht direkt von einem Notar errichtet wurde, sondern von einem Anwalt, ist bei der Unterzeichnung auch ein Notar dabei, allerdings nur sehr kurz, um die Unterschriften zu beglaubigen.

Schritt 6 – Übergabe

Je nachdem, welcher Zeitpunkt als Übergabe definiert wurde, findet die Übergabe bei der Unterzeichnung des Kaufvertrages oder erst später statt. Üblich ist die Übergabe nach der vollständigen Zahlung des Kaufpreises auf das Treuhandkonto. Dann meldet sich meist der Makler und vereinbart einen Übergabetermin mit dir. Natürlich gibt es auch hier einige gute Tipps und Tricks, wie du frühzeitig an den Schlüssel kommst, falls du beispielsweise gleich nach dem Kaufvertragstermin Renovierungen vornehmen lassen möchtest, um so rasch wie möglich in die Vermietung zu gehen.

Wichtiger Hinweis

Bei der Übergabe sollte unbedingt ein ausführliches Übergabeprotokoll erstellt werden. Der Makler sollte dazu eine gute Vorlage haben, ansonsten erhältst du auch gerne von mir eine im Mentoring. Neben dem schriftlichen Übergabeprotokoll empfehle ich dir auch unbedingt, ausführliche Fotos und Videos zu machen. Mach lieber zu viele als zu wenige, um spätere Streitigkeiten über Mängel usw. im Ernstfall dokumentiert zu haben und nachweisen zu können.

Nach der Übergabe bist du der rechtmäßige Besitzer der Immobilie und kannst darüber mit sämtlichen Rechten (beispielsweise Mieteinnahmen) und Pflichten verfügen und walten. Eigentümer wirst du jedoch erst nach der Grundbucheintragung.

Schritt 7 – Eintragung des Eigentumsrechts

Nach der Beglaubigung des Kaufvertrages durch den Notar nimmt der Vertragserrichter anschließend eine sogenannte Selbstberechnung der Grunderwerbsteuer, Eintragungsgebühr und der Immobilienertragsteuer vor, und führt diese Beträge dann an das Finanzamt ab. Diese Selbstberechnung oder das Vorliegen einer sogenannten Unbedenklichkeitsbescheinigung sind Voraussetzung dafür, dass die Eintragung im Grundbuch erfolgen kann. Wenn sonst alle Voraussetzungen vorliegen (also auch deine Pfandurkunde und erforderliche Löschungserklärungen), erstellt der Vertragserrichter das Grundbuchgesuch und reicht es mit allen Unterlagen beim zuständigen Gericht ein. Nach erfolgter Eintragung wirst du vom Gericht benachrichtigt und bist nun offiziell Eigentümer der Immobilie. Je nach Gericht und Bundesland kann dieser Prozess bis zu vier Monaten dauern.

Tipp

Ab der Grundbucheintragung hast du einen Monat Zeit, um deine Gebäudeversicherung zu wechseln. Das ist wichtig zu wissen, wenn du ein Mehrfamilien- bzw. Zinshäuser oder andere große Objekte wie Gewerbeobjekte kaufst.

Schritt 8 – Auszahlung des Kaufpreises

Sobald die Eintragung des Käufers als neuer Eigentümer im Grundbuch erfolgt ist, wird der Kaufpreis vom Treuhänder (meist der Vertragserrichter) an den Verkäufer ausgezahlt.

Das Grundbuch

Das Grundbuch ist ein Register, welches alle Grundstücke und die daran bestehenden Rechte schriftlich dokumentiert. Ursprünglich wurde es tatsächlich händisch in Form eines Buchs geführt, mittlerweile ist es ein digitales Register. In Deutschland kann das Grundbuch online eingesehen werden, jedoch nur von Notaren, Anwälten, Gerichten und Behörden. Im Gegensatz dazu ist das Grundbuch in Österreich vollständig öffentlich einsehbar. Jeder kann online nachsehen, wem welche Immobilie gehört – sogar Kaufverträge sind einsehbar. Daher spricht man in Österreich oft von den „verbücherten Preisen“, da man über das Grundbuch den tatsächlichen Kaufpreis einsehen kann. Das ist besonders hilfreich bei der Recherche über den richtigen Preis, da man so nachvollziehen kann, wann die benachbarte Wohnung verkauft wurde und zu welchem Preis.

Das Grundbuch definiert als vollumfängliche Rechtsbefugnis das Eigentumsrecht an Liegenschaften, daneben können aber auch zahlreiche andere Rechte und Anmerkungen eingetragen werden, wie etwa Pfandrechte, Rangordnungen, Baurechte, Dienstbarkeiten, Vorkaufsrechte und einiges mehr. Der Umfang des Eigentumsrechts wird dabei mit einem Bruch ausgedrückt, also 1 zu 1 (1/1) für Alleineigentum, 1 zu 2 (1/2) für Hälfteeigentum und zum Beispiel 19/5723 für 19 aus 5723 Eigentumsanteilen.

Hier möchte ich dir einen kurzen Überblick über den Aufbau des Grundbuchs geben.

Österreich

Bestandteile des Grundbuchs:

1. **Hauptbuch:**
   - **A-Blatt:** Gutsbestandsblatt (A1 und A2) mit Grundstücksnummer, Fläche, Nutzung, Adresse sowie dingliche Rechte (wie Wegerechte)
   - **B-Blatt:** Eigentumsblatt, in dem die Eigentumsverhältnisse dargestellt sind
   - **C-Blatt:** Lastenblatt mit Belastungen der Liegenschaft, wie Pfandrechten von Banken, Veräußerungsverboten oder Dienstbarkeiten

2. **Löschungsverzeichnis:** Verzeichnis der gelöschten Eintragungen
3. **Hilfsverzeichnis**, zum Beispiel mit Angaben zu früheren Eigentümern
4. **Urkundensammlung**, in der sämtliche Dokumente wie beispielsweise Kaufverträge hinterlegt sind, die einer Eintragung im Grundbuch zugrunde lagen
5. **Grundbuchmappe** mit Karte sowie Lage- und Grenzangaben des Grundstücks

Deutschland

Bestandteile des Grundbuchs in Deutschland:

1. **Aufschrift:** Bezeichnung des zuständigen Amtsgerichts als Grundbuchamt
2. **Bestandsverzeichnis:** Lage und Größe des Grundstücks laut Kataster
3. **Abteilung 1:** Eigentumsverhältnisse
4. **Abteilung 2:** Eventuelle Nutzungs-, Vorkaufs- und Nießbrauchrechte
5. **Abteilung 3:** Pfandrechte (Grundschulden und Hypotheken)

So läuft die Eintragung ins Grundbuch ab

1. Erforderlich ist ein rechtsgültiger, notariell beglaubigter Titel, also der Kaufvertrag.
2. Grunderwerbsteuer und Eintragungsgebühr sind im Rahmen der Selbstberechnung (erfolgt durch den Treuhänder) oder im Rahmen einer Anzeige beim Finanzamt zu berechnen und zu bezahlen.

3. Mit einem Kaufvertrag, der die formalen Voraussetzungen erfüllt und für den eine steuerliche Selbstberechnung vorgenommen wurde, kann die „Einverleibung“, also die Eintragung des Eigentumsrechts, beantragt werden.
4. Gleichzeitig mit der Eintragung des Eigentumsrechts des Käufers erfolgt meistens die sogenannte „Lastenfreistellung“, wenn Lasten bestehen, die vom Käufer nicht übernommen werden. Das bedeutet, dass Pfandrechte oder andere nicht übernommene Belastungen, die gegen den Verkäufer bestanden haben, aus dem Grundbuch gelöscht werden.

Notwendige Unterlagen für die Eintragung ins Grundbuch

- Der notariell beglaubigte Kaufvertrag von Käufer und Verkäufer
- Rangordnungen für Veräußern oder Verpfänden
- Staatsbürgerschaftsnachweis oder Lichtbildausweis
- Selbstberechnungserklärung bzw. Vorgangsnummer der Selbstberechnung oder Unbedenklichkeitsbescheinigung des Finanzamts
- Falls erforderlich:
  - Allfällige Löschungserklärungen von finanzierenden Banken
  - Allfällige grundverkehrsbehördliche Genehmigungen
  - Allfällige Pfandurkunden betreffend die Käufer-Finanzierung

Keine Sorge, der Treuhänder übernimmt diese Aufgaben. Du musst lediglich den Kaufvertrag unterzeichnen und deine persönlichen Daten übermitteln.

Profi-Tipp

Eins der wichtigsten Dinge des Grundbuches ist, dass du den tatsächlichen Anteil der Wohnung am gesamten Haus herauslesen kannst. Das ist primär dann relevant, wenn größere Reparaturen anstehen, die von der Rücklage des Hauses nicht vollständig gedeckt sind. Anhand der Anteile der Wohnung am gesamten Haus kann man grob berechnen, was auf einen zukommt, wenn eine Investition von, nehmen wir an 250.000 € fällig werden sollte. Das kann etwa ein neues Dach oder eine Fassadensanierung sein.

Wenn die Wohnung, die ich kaufen möchte, angenommen 30/1580 Anteile (1580 = gesamte Anteile des Hauses) hat, und 100.000,00 € in der Rücklage sind, muss die Eigentümergemeinschaft darüber hinaus

$$250.000,00\,€ - 100.000,00\,€ = 150.000,00\,€$$

finanzieren. Diese restlichen 150.000,00 € werden meistens aufgeteilt auf alle Eigentümer nach den grundbücherlichen Anteilen.

Dein Anteil ist in diesem Beispiel

$$\left(\frac{150.000,00\,€}{1.580,00\,€\text{ pro Anteil}}\right) \times 30 = 2.848,10\,€$$

Diese Summe ist entweder gleich von dir zu überweisen oder die Hausverwaltung nimmt nach Beschluss der Wohnungseigentümergemeinschaft ein außerbücherliches Darlehen über eine Bank auf. Dieses Darlehen wird monatlich auf alle Eigentümer, nach deren Anteilen, aufgeteilt und mit der Hausgeldabrechnung vorgeschrieben. In diesem Falle wäre es keine Einmalzahlung, aber bezahlen musst du es allemal aus der eigenen Tasche, plus Zinsen natürlich. Meist gibt die Hausverwaltung die Option zwischen Einmalzahlung und Darlehen mit Vorschreibung über die Betriebskosten.

Solche Reparaturen lassen sich manchmal im Vorhinein erkennen, entweder durch einen Lokalaugenschein (Besichtigung) der Immobilien (falls man mit fachkundigem Auge erkennen kann, dass hier größere Reparaturen fällig werden) oder in den Protokollen der Eigentümerversammlungen und in der Vorausschau der Verwaltung, die jährlich den Eigentümern vorzulegen ist.

Deshalb sollte man vor dem Immobilienkauf immer die Protokolle der letzten drei Eigentümerversammlungen und die aktuelle Vorausschau anfordern und diese im Detail prüfen. Wenn man solche Informationen hat, kann das ein Vorteil beim Kaufvorgang sein, denn im Optimalfall versucht man, solche anstehenden Investitionen vom Kaufpreis abzuziehen.

Fazit

Ich wollte dir einen kurzen Überblick über das Grundbuch geben, damit du mit den wichtigsten Aspekten vertraut bist. Die weiteren Details sind für den Alltag oft weniger relevant, es sei denn, du möchtest dich intensiver mit Grundbuchrecht beschäftigen. In diesem Fall gibt es im Internet umfassende Literatur dazu.

15
Die Mieterauswahl

Der beste Mieter ist nicht der,
der zu Beginn am meisten bezahlt,
sondern der langfristig zuverlässig ist
und lange bleibt

Max und Tom standen gemeinsam in der frisch renovierten Wohnung, die Max kürzlich gekauft hatte. Max hatte die Hürde der ersten Wohnung überwunden. Der wichtigste Schritt war damit getan. Die Wände strahlten in hellem Weiß, und der Duft von frischer Farbe lag in der Luft. Es war ein bedeutender Moment für Max, der nun bereit war, seinen ersten Mieter zu finden.

„Tom, ich bin wirklich aufgeregt, aber auch ein wenig nervös wegen der Mietersuche", gestand Max. „Ich möchte sicherstellen, dass ich den richtigen Mieter finde, der die Wohnung schätzt und zuverlässig ist."

Tom stimmte zu: „Die Mieterauswahl ist entscheidend für den Erfolg deines Investments. Es gibt einige bewährte Strategien, die dir helfen können, den passenden Mieter zu finden. Bevor ich dir diese Strategien Schritt für Schritt erkläre, möchte ich dir aber eine Anekdote von meiner eigenen ersten Wohnung erzählen. Damals sind einige Dinge ganz und gar nicht glattgelaufen, da mir das Know-how und die Erfahrung fehlten."

Max sah Tom ungläubig an und sagte: „Was? Du hattest mal Probleme mit deinem Mieter? Erzähl mir mehr."

„Meine erste Vermietungserfahrung nur Problem zu nennen ist eine deutliche Untertreibung. Es war eine Katastrophe. Aber ich habe daraus gelernt und seitdem nie wieder ein solches Problem gehabt. Genau diese Erfahrungen möchte ich an dich weitergeben: Die erste Wohnung war Fluch und Segen zugleich. Ohne sie wäre ich nicht weiter gekommen, denn irgendwann und irgendwie muss man ja beginnen, wie du bereits weißt. Ohne die erste Wohnung kommt auch keine zweite. Deswegen ist die Erste immer die Wichtigste. Meine erste Wohnung war tatsächlich daran schuld, dass ich ein paar Jahre Immobilienpause eingelegt *habe und diese Jahre tun mir im Nachhinein gesehen durchaus weh. Zwischen meinen ersten zwei Wohnungen, die ich ziemlich zeitgleich gekauft habe, und der dritten Wohnung lagen fast fünf Jahre. Eigentlich hatte ich mir nach meiner Mieter-Katastrophe bei der ersten Wohnung geschworen, nie wieder in Immobilien zu investieren. Wie du weißt, ist aber genau das Gegenteil eingetreten. Zum Glück hat die finanzielle Vernunft gesiegt, nachdem ich mich eingehender damit befasst und mich weitergebildet habe. Mein größter Fehler bei der ersten Wohnung war, bei der Mieterauswahl nicht besser Acht zu geben, denn eine wirkliche Auswahl gab es bei mir damals eigentlich gar nicht. Ich hatte unzählige Anfragen über diverse Online-Plattformen zu dieser Wohnung erhalten und habe damals auf keine bestimmten Kriterien geachtet, beziehungsweise die Kriterien der Mieterauswahl einfach auf die leichte Schulter genommen und mir gedacht: „Wird schon gut gehen, Hauptsache ich habe sofort einen Mieter." Das Ergebnis daraus war fatal. Mein erster Mieter hat die Wohnung, gelinde gesagt, nicht gut behandelt und war dann plötzlich wie vom Erdboden verschluckt, was zu einem Mietausfall von über zwölf Monatsmieten sowie weiteren Sanierungen führte. Dass das besonders nervenaufreibend für einen First-Time Immobilienkäufer ist, brauche ich wohl nicht zu sagen. Ich habe aber aus meinen Fehlern gelernt und es seitdem besser gemacht."*

„Oh mein Gott, das ist genau das, vor dem ich Angst habe. Wie kann ich das vermeiden?", fragte Max etwas verunsichert.

Tom beruhigte Max und erklärte ihm die wichtigsten Grundlagen: „Zunächst einmal ist es wichtig, ein aussagekräftiges Inserat zu erstellen, das die Vorzüge deiner Wohnung hervorhebt", erklärte Tom. „Je klarer und ansprechender deine

Anzeige ist, desto eher ziehst du die richtigen Interessenten an."

„Das ergibt Sinn", antwortete Max. „Aber wie gehe ich bei der Auswahl der Interessenten vor?"

„Bei den Besichtigungen solltest du auf Pünktlichkeit, Auftreten und das Interesse der Bewerber achten", riet Tom. „Zudem ist es vollkommen normal, eine Selbstauskunft, Gehaltsnachweise und eine Schufa-Auskunft zu verlangen, um die Bonität und Zuverlässigkeit der potenziellen Mieter zu prüfen."

Max nickte nachdenklich. „Ich verstehe. Es geht also darum, sorgfältig auszuwählen und nicht den erstbesten Mieter zu nehmen."

„Genau", bestätigte Tom. „Nimm dir die Zeit, die Bewerber kennenzulernen, und höre auf dein Bauchgefühl. Ein gutes Mietverhältnis basiert auf Vertrauen und gegenseitigem Respekt."

„Danke, Tom", sagte Max erleichtert. „Ich fühle mich jetzt viel besser vorbereitet für die Mietersuche."

„Gern geschehen, Max. Ich bin sicher, dass du den richtigen Mieter finden wirst, der deine Wohnung zu schätzen weiß und pfleglich behandelt. Natürlich bin ich als dein Mentor weiterhin an deiner Seite und habe jederzeit ein offenes Ohr für deine Fragen, die im Laufe des Vermietungsprozesses bestimmt noch auftauchen werden."

Mieter-Auswahlkriterien

Die richtige Mieterauswahl ist der Schlüssel zum Erfolg in der normalen, langfristigen Vermietung. Leider habe ich bei meiner ersten Immobilie einen Fehler gemacht, indem ich den ersten Mieter genommen habe, der sich bewarb. Das Resultat: Unzählige Monate Mietausfall und Sanierungsbedarf, da ich mir einen Mietnomaden als Mieter eingekauft hatte.

Damals hatte ich aufgrund meiner Unwissenheit keine ausreichenden Unterlagen vom Mieter angefordert. Der Mietvertrag wurde einfach unterzeichnet, und er zog ein. Um dir dieses Horror-Szenario zu ersparen, möchte ich dir einige Tipps mit auf den Weg geben.

Meine Lieblingsmieter

Darüber spreche ich sehr gerne, da es meiner Meinung nach ein super Trick ist, der dir viel Zeit, Geld und Kopfzerbrechen während des Mietverhältnisses erspart. Handwerker!

Ja, genau, meine Lieblingsmieter sind Handwerker, Techniker, Heimwerker und Bastler. Warum? Sie rufen nicht wegen jeder Kleinigkeit an. Wenn eine Glühbirne defekt ist, tauschen sie sie selbst. Tropft der Wasserhahn oder läuft die WC-Spülung durch, kümmern sie sich um die Reparatur. Manchmal hinterlassen sie die Wohnung sogar in besserem Zustand, als sie sie übernommen haben. Einmal erhielt ich eine Wohnung mit einem neuen Parkettboden zurück, obwohl ursprünglich nur Laminat verlegt war – ein echter Wertzuwachs.

Nachweise eines Mieters

Ein potenzieller Mietinteressent sollte auf jeden Fall folgende Unterlagen übermitteln:

- Eine Schufa-Auskunft (DE) oder KSV-Auszug (AT)
- Eine Mieterselbstauskunft (Vorlage in der Community) mit Informationen über
  - Aktueller und vorheriger Arbeitgeber
  - Aktuelles Nettoeinkommen monatlich
  - Wie lange besteht das Arbeitsverhältnis bereits mit dem aktuellen Arbeitgeber und ist dieses befristet oder unbefristet?
  - Bestehen Mietrückstände aus vergangenen Mietverhältnissen?
  - Wurden in den vergangenen fünf Jahren Räumungsklagen erhoben
  - Wurden in den vergangenen fünf Jahren Zwangsvollstreckungen eingeleitet
  - Wurde in den vergangenen fünf Jahren ein Insolvenzverfahren gegen den Mieter eingeleitet
  - Hat der Mietinteressent Vorstrafen oder lag in den vergangenen fünf Jahren ein Haftbefehl vor?
  - Bezieht der Mieter Sozialleistungen zur Zahlung der Miete und/oder der Kaution
- Die letzten drei bis sechs Gehaltsnachweise
- Sozialversicherungsnummer
- Reisepass
- Letzte Meldeadresse, letzter Hauptwohnsitz
- Kontakt des letzten Vermieters, sodass du diesen anrufen kannst

Bürgschaft

Eine Bürgschaft, oft von den Eltern bei Studierenden, kann zusätzliche Sicherheit bieten. Achte darauf, dass die Bürgschaft solidarisch und unbeschränkt formuliert ist. Eine Vorlage findest du in der *Immo Mentor Community*.

Befristet vs. Unbefristet

Ein befristeter Mietvertrag wird in typischer Weise auf drei Jahre abgeschlossen. Auch fünf Jahre sind ein gängiger Zeitraum. Die Befristung muss in Österreich mindestens drei Jahre betragen. Diese Mindestbefristung gibt es in Deutschland nicht, hier sind auch geringere Laufzeiten zulässig.

Ein Kündigungsverzicht für den Mieter als Klausel im Mietvertrag ist in Österreich auf maximal ein Jahr zulässig. Somit kann der Mieter frühestens nach zwölf Monaten kündigen und nach zwölf Monaten plus drei Monaten Kündigungsfrist wieder ausziehen.In Deutschland hingegen ist ein Kündigungsverzicht auf maximal vier Jahre wirksam.

Bei einem unbefristeten Mietvertrag ist der Mieter in aller Regel so lange in der Wohnung, bis er kündigt oder stirbt. Als Vermieter kann man dem Mieter meist nur aus einem wirklich wichtigen Grund kündigen, wenn er zum Beispiel keine Miete (mehr) bezahlt oder aufgrund von ernsthaftem Eigenbedarf des Vermieters, was sich in der Praxis meist schwierig gestaltet.

Je nach Land und Region sind befristete oder unbefristete Verträge üblich. Allgemein sind in ländlichen Regionen unbefristete Mietverträge üblicher und in städtischen Ballungsräumen befristete Verträge. Das hat mit dem Wert der Wohnung zu tun. Zudem gibt es ein Gefälle zwischen

Österreich und Deutschland. In Deutschland werden eher unbefristete Verträge abgeschlossen, in Österreich eher befristete.

In Österreich ist es darüber hinaus eher unüblich, eine Wohnung mit einem bestehenden Mieter zu kaufen. Ich finde das super, speziell dann, wenn die Miete auf einem guten Niveau ist oder ich die Miete zeitnah anheben kann und der Mieter immer bezahlt hat. Dann muss ich nicht erst einen Mieter finden.

Wichtig ist zu wissen, dass eine Wohnung mit einem unbefristeten Mietvertrag einen geringeren Wert haben kann, speziell im Verkaufsfall, da ich den Mieter nicht zu einem bestimmten Zeitpunkt aus der Wohnung bekomme. Warum ist das so? Möchte ich eine Wohnung verkaufen und die Wohnung ist unbefristet vermietet, dann habe ich als Käuferklientel automatisch nur Kapitalanleger. Der Eigennutzer fällt natürlich weg, da die Wohnung unbefristet vermietet ist und der Käufer nicht selbst einziehen kann. Eigennutzer zahlen jedoch auch die höheren Preise für Wohnungen.

Kaution

Du solltest unbedingt eine Kaution verlangen. Ich verlange in der Regel drei Brutto-Monatsmieten als Kaution und lasse diese ausschließlich überweisen. Somit ist auch dokumentiert, dass der Mieter die Kaution bezahlt hat und ich sie empfangen habe. Dies ist eine Absicherung für beide Seiten. Lass dich auf keinen Fall darauf ein, aus Gutgläubigkeit keine Kaution zu verlangen, das geht nach hinten los.

Drei Brutto-Monatsmieten sind ein üblicher Kautionsbetrag, aber auch mehr ist möglich. Hat die Wohnung zum Beispiel eine besonders gute oder teure Ausstattung, kann man mehr Kaution verlangen. Bei luxuriös ausgestatteten Wohnungen oder Penthäusern ist es durchaus üblich, sechs Brutto-Monatsmieten als Kaution zu verlangen. Auch bei Geschäftsräumlichkeiten sind Kautionen oft höher.

Mietvertrag

Es gibt mittlerweile viele gute Mietvertragsvorlagen im Internet und bei diversen Vermieter- bzw. Mietervereinen zum Download. Trotzdem empfehle ich dir, den Vertrag von einem auf Immobilien spezialisierten Anwalt deines Vertrauens überprüfen zu lassen. Der Anwalt sollte wirklich auf Immobilien spezialisiert sein, denn es geht um Details. Bei einem Spezialisten geht das Ganze auch sehr schnell und kostet nicht viel. Dazu findest du ebenfalls Empfehlungen in meinem *Immo Mentor Supplier Hub* auf der Website.

Eine weitere Variante ist, dass deine Hausverwaltung den Mietvertrag aufsetzt. Das kommt vor allem dann vor, wenn dir ein ganzes Mehrfamilienhaus mit mehreren Wohnungen gehört und jeder Mietvertrag fast identisch ist. Wenn der Mietvertrag einmal vernünftig aufgesetzt worden ist, dann muss er nur noch angepasst werden. Trotzdem sollte der Mietvertrag auch bei jeder Neuvermietung überprüft werden, hauptsächlich darauf, ob sich gesetzliche Anforderungen an Formulierungen geändert haben.

In Österreich gab es gerade eine größere Debatte um die Indexierungsklausel und wie diese formuliert sein darf bzw. sein muss. Diese Klausel ist für uns als Investoren überaus wichtig und stellt unseren Inflationsschutz dar, indem wir aufgrund dieser Klausel die Mieten laufend indexieren, also anheben. Hier ist es sinnvoll, einmal einen Spezialisten hinzuzuziehen, dass hier kein Formfehler passiert und der Mietvertrag im schlimmsten Fall sogar von einem befristeten in einen unbefristeten übergeht.

Staffelmiete vs. Indexmiete

In Deutschland wird häufig eine Staffelmiete vereinbart, bei der die Miete jährlich um einen festen Betrag steigt. Nehmen wir an, dein Mieter zahlt 500 € Nettokaltmiete monatlich, dann könnte man jedes Jahr um 15 € bis 25 € die Miete anheben. Hier wissen sowohl Mieter als auch Vermieter am Anfang des Mietverhältnisses genau, um wie viel die Miete jedes Jahr angepasst wird.

Bei der Indexmiete hingegen ist die Mietsteigerung im Vorhinein ungewiss, entspricht aber dem fairen Marktwert, da die Miete an den Verbraucherpreisindex (VPI) gekoppelt ist und ab einem bestimmten Schwellenwert, oft drei oder fünf Prozent, angehoben wird.

Das bedeutet vereinfacht Folgendes: Bei einem Schwellenwert von fünf Prozent und einer Inflation von drei Prozent steigt die Miete im nächsten Jahr nicht, da der Schwellenwert von fünf Prozent nicht überschritten wurde. Steigt die Inflation, also der VPI, um sieben Prozent, ist der Schwellenwert von fünf Prozent überschritten und die Miete kann um sieben Prozent angepasst werden. In der Theorie würde die Miete bei einem indexierten Mietvertrag auch sinken, wenn der VPI sinkt. Persönlich habe ich diesen Fall jedoch bis jetzt nicht erlebt, da der VPI in den vergangenen 15 Jahren nie nachhaltig gesunken ist.

Der VPI wird in Deutschland vom Statistischen Bundesamt und in Österreich von der Statistik Austria veröffentlicht und ist öffentlich einsehbar. Keine Angst, auch hierfür gibt es online genügend kostenfreie Rechner.

In der Praxis sind bei der Mietanpassung auch Dinge wie der örtliche Mietspiegel, der die normale Miethöhe bestimmt, oder in Österreich die klaren Grenzen im Mietrechtsgesetz (MRG) zu beachten.

Übergabe

Bei der Übergabe ist ein detailliertes Übergabeprotokoll unerlässlich, um den Zustand der Wohnung zum Zeitpunkt der Übergabe festzuhalten und beide Parteien abzusichern. Das Protokoll sollte von Mieter und Vermieter unterzeichnet werden.

Die Übergabe kann entweder von dir selbst als Vermieter durchgeführt werden oder auch durch den Makler. Meist ist es sinnvoll, den Makler darauf hinzuweisen, worauf er bei der Übergabe besonders achten soll, was er festhalten soll, und was er nicht extra erwähnen soll. Auf dem Übergabeprotokoll werden grundsätzliche Themen festgehalten, wie zum Beispiel:

- Zählerstände (Strom, Gas, Wasser)
- Raumaufteilung
- Zustand von Boden, Wänden, Fliesen und der Substanz allgemein
- Zustand von Küche und sonstigen Möbeln (falls mit vermietet)
- Zustand von Fenstern und Türen
- Zustand von Heizung, Boiler, Warmwasseraufbereitung
- Zustand des Kellerabteils, Parkplatz oder anderer Nebenräume

Sollte der Vermieter noch kleinere Reparaturen oder Wartungsarbeiten, wie Fenster einstellen, Rollos erneuern, durchführen lassen, können diese ebenfalls im Protokoll vermerkt werden. Ideal ist es, alle nötigen Arbeiten bereits vor der Übergabe abzuschließen.

Wichtig: Fertige Fotos von allen Räumen und Oberflächen an und füge sie dem Protokoll bei. So lassen sich später mögliche Streitigkeiten über den Zustand der Wohnung leichter klären. In der *Immo Mentor Community* findest du auch dazu eine Vorlage.

Immo Mentor Community:

Rückgabe

Bei der Rückgabe der Wohnung sollte ebenfalls ein Protokoll erstellt und von Mieter und Vermieter unterzeichnet werden. Zur Vereinfachung kann das Übergabeprotokoll vom Beginn des Mietverhältnisses verwendet und dort entsprechende Notizen gemacht werden.

Beim Mietverhältnis unterscheidet man zwischen normaler Abnutzung, die durch den alltäglichen Gebrauch entsteht und vom Vermieter zu akzeptieren ist, und übermäßiger Abnutzung oder Schäden, für die der Mieter haftet. Falls Schäden oder übermäßige Abnutzung festgestellt werden, sind diese genau zu dokumentieren – idealerweise mit Fotos. So können bei Schäden und Abnutzung berechtigte Abzüge von der Kaution gemacht werden, die nicht im normalen Mietverlauf zu erwarten sind und nicht der normalen Abnutzung des Mietobjekts entsprechen.

Du fragst dich jetzt vielleicht: „Was fällt unter normale Abnutzung?“ Das ist in der Praxis ein Streitthema. Im Folgenden findest du eine Auflistung zur Orientierung.

Normale Abnutzung

Diese Abnutzungen entstehen durch den üblichen Gebrauch der Wohnung und müssen vom Vermieter akzeptiert werden:

- **Bodenbeläge**
  - Leichte Kratzer oder Abnutzungsspuren auf Parkett oder Laminat
  - Abgetretene Teppichböden nach mehreren Jahren
- **Wände und Decken**
  - Vergilbung oder leichte Verfärbung durch Sonneneinstrahlung
  - Kleine Bohrlöcher für Bilder oder Regale (sofern nicht übermäßig)
  - Abnutzung der Tapete durch Möbel
- **Sanitäreinrichtungen**
  - Kalkablagerungen (normaler Umfang) in Dusche oder Waschbecken
  - Normale Abnutzung der Toilettenschüssel
- **Küche**
  - Gebrauchsspuren an Arbeitsplatten
  - Verfärbung durch Kochdämpfe (normaler Umfang)
- **Türen und Fenster**
  - Locker werdende Türgriffe
  - Leicht ausgeblichene Fensterrahmen

Übermäßige Abnutzung oder Schäden

Diese Schäden entstehen durch unsachgemäße Nutzung oder mangelnde Pflege und müssen vom Mieter repariert oder ersetzt werden:

- **Bodenbeläge**
  - Tiefe Kratzer oder Brandflecken im Parkett
  - Beschädigte oder herausgerissene Teppichböden
- **Wände und Decken**
  - Große oder übermäßige Bohrlöcher oder Dübelrückstände
  - Unprofessionell angebrachte Farbanstriche (zum Beispiel knallige Farben, die nicht leicht überstrichen werden können)
  - Nikotinablagerungen durch Rauchen in der Wohnung
- **Sanitäreinrichtungen**
  - Verstopfte Abflüsse durch unsachgemäße Nutzung
  - Sprünge oder Risse in Waschbecken oder Badewanne durch grobe Fahrlässigkeit
  - Dauerhafte Verkalkung durch fehlende Reinigung
- **Küche**
  - Verbrannte oder tief zerkratzte Arbeitsplatten
  - Defekte Elektrogeräte durch falsche Nutzung
- **Türen und Fenster**
  - Eingedrückte oder beschädigte Türblätter
  - Zerbrochene Fensterscheiben durch unsachgemäßen Gebrauch

Die normale Abnutzung ist ein natürlicher Prozess, den wir als Vermieter hinnehmen müssen. Übermäßige Abnutzung oder gar Schäden hingegen sind vom Mieter zu verantworten und müssen vor dem Auszug beseitigt oder ersetzt werden. Beseitigt der Mieter den Schaden nicht, kann dieser durch deinen Kautionsabzug gedeckt werden.

16

Die Immobilie im laufenden Betrieb

Erfolgreiche Immobilienbewirtschaftung heißt,
die Balance zwischen Werterhalt, Rendite
und Zufriedenheit von Mietern zu finden

Max saß an seinem Schreibtisch und öffnete seine E-Mails. Eine neue Nachricht von seinem Mieter sprang ihm ins Auge:

> *Betreff: Anfrage bezüglich tropfendem Wasserhahn*
>
> *Sehr geehrter Herr Max Realmeister,*
>
> *ich hoffe, es geht Ihnen gut. In meiner Küche tropft der Wasserhahn seit einigen Tagen kontinuierlich. Könnten Sie bitte einen Handwerker beauftragen, um das Problem zu beheben?*
>
> *Vielen Dank und freundliche Grüße*
>
> *Ihr Mieter*
>
> *Paul Pflegeleicht*

Max fühlte sich unsicher, wie er mit solchen Anliegen umgehen sollte. Er erinnerte sich an Toms Rat, stets professionell und zeitnah auf Anfragen von Mietern zu reagieren, um ein gutes Mietverhältnis zu pflegen. Er beschloss, Tom um Unterstützung zu bitten.

Am nächsten Tag trafen sich Max und Tom in einem Baumarkt, um gemeinsam nach einer Lösung zu suchen.

Tom erklärte: „Max, es ist wichtig, auf die Anliegen deiner Mieter einzugehen. Ein tropfender Wasserhahn mag klein erscheinen, aber unbeachtet kann er größere Probleme verursachen und das Vertrauen deines Mieters beeinträchtigen. Du kannst entweder selbst kleine Reparaturen durchführen, einen zuverlässigen Handwerker beauftragen oder auch deinen Mieter fragen, ob er das Problem selbst beheben kann. Wichtig ist, dass du zeitnah reagierst und die Kommunikation offen hältst."

Max nickte und fühlte sich ermutigt. Gemeinsam wählten sie einen neuen Wasserhahn aus, und Tom zeigte Max die grundlegenden Schritte für den Austausch. Kurz bevor die beiden zur Kasse schritten, beschloss Max seinen Mieter doch noch anzurufen und siehe da, die beiden einigten sich schnell. Max' Mieter Paul Pflegeleicht konnte das Problem sogar schnell selbst beheben. Dafür erließ ihm Max 40 € von der nächsten Miete. Es war eine Win-Win-Situation für beide Seiten und kostete Max weniger als eine neue Armatur. Paul bedankte sich herzlich für die schnelle und praktikable Lösung, und Max erkannte, wie wichtig eine proaktive und professionelle Verwaltung seiner Immobilie ist, um sowohl den Wert der Immobilie zu erhalten als auch ein harmonisches Verhältnis zu den Mietern zu pflegen.

Verwaltung im Alltag

Nachdem du eine Immobilie gefunden, gekauft und vermietet hast, beginnt der Alltag als Vermieter. Aber wie sieht dieser Alltag aus? Welche Hürden gibt es, und wie kannst du dich am besten darauf vorbereiten, um Problemen vorzubeugen?

Der Spruch „Du kannst alles erreichen im Leben, außer deine Hausverwaltung" ist vielleicht scherzhaft gemeint, er existiert aber nicht ohne Grund. Wie bei Maklern, Gutachtern oder Notaren hängt auch bei der Hausverwaltung vieles von der Qualität und Erreichbarkeit der Mitarbeiter ab. Genau wie bei Handwerkern zählt nicht nur das Auftreten des Unternehmens selbst, sondern vor allem die Fachkompetenz der ausführenden Mitarbeiter.

Je nach Geschäftsmodell benötigst du unterschiedliche Partner an deiner Seite. Wenn du eine Wohnung normal vermietest, benötigst du andere Partner, als wenn du einige Wohnungen über *Airbnb* vermietest (Vermarktung, Reinigung, Wäsche).

Im Weiteren möchte ich auf einige konkrete Fragen eingehen, die beim Betrieb und der Bewirtschaftung einer Immobilie immer wieder auftauchen. Hierbei beschränke ich mich wieder eher auf die Anfänge und den Umgang mit einzelnen Wohnungen.

Laufende Investitionen

Laufende Investitionen in deine Wohnung können vielfältig sein. Deshalb ist es bei der Ankaufsprüfung (Due Diligence) wichtig, Mängel frühzeitig zu erkennen und zukünftige Investitionen richtig einzuschätzen. Eine Gastherme, die 25 bis 30 Jahre alt ist, muss eventuell in den nächsten Jahren erneuert werden – Kosten etwa 4.000 € bis 5.000 € inklusive Einbau. Bei Mieterwechseln könnten Renovierungen wie das Streichen der Wände oder das Schleifen von Parkett erforderlich sein, um die Miete zu steigern. Ob und wie sich solche Investitionen rechnen, kann man natürlich ganz einfach anhand der Ausgaben, der höheren Einnahmen und der daraus (hoffentlich) steigenden Rendite berechnen.

Rücklagen des Hauses

Die monatlich eingezogenen Hausgeldzahlungen beinhalten auch eine Rücklage, die für künftige Investitionen im Gebäude gedacht ist. Diese Rücklage dient für größere Investitionen im und am Gebäude, wie einen Heizungstausch oder Fassadensanierungen. Wichtig zu wissen ist, dass diese Rücklage nur für das Gebäude gilt und nicht für deine Wohnung.

Eigene Rücklage für deine Wohnung

Da du die Investitionen in deine Wohnung selbst finanzieren musst, ist es sinnvoll, dafür eine eigene Rücklage anzusparen. Eine Faustregel besagt mindestens 10 € pro Quadratmeter pro Jahr. Bei einer 50-Quadratmeter-Wohnung wären das 500 € jährlich. In Zeiten mit häufiger Mieterfluktuation oder technischen Ausfällen (beispielsweise bei Gasthermen) ist es ratsam, etwas mehr zu sparen. Bei Kurzzeitvermietungen (*Airbnb*, Ferienwohnungen) solltest du aufgrund der höheren Abnutzung eine größere Rücklage bilden. Hier empfehle ich mindestens 20 € wenn nicht sogar bis zu 30 € pro Quadratmeter pro Jahr.

Welche Versicherung(en) benötige ich als Vermieter und welche sollte mein Mieter haben?

Grundsätzlich benötigst du als Vermieter nicht zwingend eine eigene Versicherung für deine vermietete Wohnung. Es gibt immer eine Versicherung für das gesamte Haus, und der Mieter sollte eine Hausratversicherung (Inhaltsversicherung) für die Wohnung abschließen. Das sollte verpflichtend im Mietvertrag verankert sein. Somit sind deine Risiken prinzipiell gedeckt. Überdies kann man auf freiwilliger Basis – wenn man besonders sicherheitsbedürftig ist – eine kleine Versicherung für die eigene Wohnung abschließen oder bei mehreren Objekten auch eine Rahmenversicherung.

Profi-Tipp

Auch wenn man den Mieter im Mietvertrag verpflichtet, eine Haushaltsversicherung bzw. Hausratversicherung abzuschließen, kann man den aufrechten Vertrag nur schwer überprüfen. Theoretisch könnte der Mieter eine Versicherung abschließen und zum nächstmöglichen Zeitpunkt wieder kündigen. Im Optimalfall lässt man sich jährlich den aktuellen Versicherungsschein zeigen.

Hausverwaltung und Sub- bzw. Sonderverwaltung

Bei WEGs, also Wohnungseigentumsgemeinschaften, gibt es eine Hausverwaltung, welche sich um das gesamte Haus kümmert. Wie du bereits gelernt hast, sind die Eigentümer für die eigene Wohnung selbst verantwortlich. Wenn man sich nicht selbst um die Wohnung kümmern möchte, kann man auch die Verwaltung der eigenen Wohnung als Sub- oder Sonderverwaltung an eine Hausverwaltung abgeben. Das kann die gleiche Hausverwaltung sein, die die restlichen Wohnungen im Haus betreut, muss es aber nicht. Es kann auch eine andere Hausverwaltung gewählt werden, die dann nur diese eine Wohnung betreut.

Hier kommt vielleicht die Frage auf, was die Hausverwaltung der WEG macht und was diese nicht macht und wofür man überhaupt eine Subverwaltung benötigt bzw. welche Tätigkeiten man selbst übernehmen muss, wenn man sich selbst um die eigene Wohnung kümmert.

Die Hausverwaltung der WEG kümmert sich um alles, was mit dem Haus und der Substanz zu tun hat. Zum Beispiel ist das die regelmäßige Reinigung, Service von Aufzug und sonstigen technischen Anlagen, Reparaturen und Instandhaltungen am Haus (nicht in der Wohnung), Abwicklung von Schadensfällen mit der Versicherung (Wasserschaden, Verstopfungen etc.), Beauftragung von Handwerkern oder auch Sanierungen (Fassade, Dach, Keller etc.) sowie der Winterdienst. Man sieht also schon, dass die Hausverwaltung sich grundsätzlich um ein breites Aufgabenfeld kümmert. Ferner ist die Hausverwaltung dafür verantwortlich, dass gewisse gesetzliche Normen und Auflagen im Haus erfüllt sind sowie, dass eine aufrechte Gebäudeversicherung mit ausreichend Deckung besteht. Der Aufgabenbereich einer Hausverwaltung umfasst noch viele weitere Aufgaben, die hinter den Kulissen von den meisten Hausverwaltungen brav abgearbeitet werden, ohne dass man je davon erfährt.

Die Hausverwaltung der WEG kümmert sich jedoch ohne einen Subverwaltungsauftrag nicht darum, wenn ein Problem in deiner Wohnung besteht. Zum Beispiel, wenn der Hahn tropft, die Heizung ausfällt (außer es ist eine Hauszentralheizung und die Heizung vom gesamten Haus fällt aus) oder die WC-Spülung rinnt. Das sind klassische Fälle, um die du dich selbst kümmern musst.

Was kostet eine Subverwaltung?

Wenn du nun sagst: „Ich will mich aber um gar nichts kümmern“, dann kannst du auch die Verwaltung deiner Wohnung an eine Subverwaltung auslagern. Meist kostet das zwischen 20 € und 30 € pro Wohnung pro Monat, je nachdem in welcher Region du tätig bist und wie viele Einheiten du der Hausverwaltung zu verwalten gibst. Möglicherweise gibt es einen Mengenrabatt bei mehreren Einheiten. Auch zwischen Land und Stadt kann es Unterschiede im Preis der Subverwaltung geben.

Fazit

Meine Empfehlung ist, dass du dich um die erste oder gar die ersten paar Wohnungen selbst kümmerst. Dabei lernst du viel und sparst Geld. Außerdem bekommst du von einer Subverwaltung Fragen gestellt, wenn Reparaturen oder Investitionen anstehen. Du musst dann Entscheidungen treffen, vor allem ab einem bestimmten Euro-Schwellenwert. Diesen Schwellenwert solltest du mit der Subverwaltung vereinbaren, damit nicht jede Reparatur einfach durchgewunken wird. Andernfalls könnte dies auf deinen Geldbeutel und die Rendite drücken.

17

Die Steuern

Wer die Spielregeln im Steuerrecht kennt,
macht aus einer Immobilie nicht nur ein Zuhause,
sondern ein finanzielles Erfolgsmodell

Max saß an seinem Küchentisch, umgeben von Belegen, Formularen und seinem Laptop. Es war seine erste Steuererklärung als Vermieter, und die unendliche Menge an Informationen überwältigte ihn. Gerade als er sich durch die Anlage kämpfte, klingelte es an der Tür.

„Tom! Perfektes Timing“, begrüßte Max seinen Freund erleichtert. „Ich könnte wirklich deine Hilfe gebrauchen. Diese Steuererklärung bringt mich um den Verstand.“

Tom lächelte und trat ein. „Keine Sorge, Max. Es sieht komplizierter aus, als es ist. Lass uns das gemeinsam durchgehen.“

Sie setzten sich an den Tisch, und Tom begann, die verschiedenen Posten zu erklären. „Zuerst einmal: Deine Mieteinnahmen musst du als Einkünfte aus Vermietung und Verpachtung angeben. Das erfolgt in der Anlage V deiner Steuererklärung.“

Max nickte. „Das habe ich so weit verstanden. Aber welche Ausgaben kann ich dagegen rechnen?“

„Gute Frage“, antwortete Tom. „Du kannst eine Reihe von Werbungskosten absetzen, die mit der Vermietung zusammenhängen. Dazu gehören zum Beispiel: Laufende Grundstückskosten, Schuldzinsen aus der Finanzierung des Vermietungsobjekts, Renovierungskosten, also sogenannte Erhaltungsaufwendungen, Fahrt- und Reisekosten, die durch die Vermietung entstehen und natürlich die Abschreibung für Abnutzung auch AfA genannt.“

Max runzelte die Stirn. „Und wie funktioniert diese Abschreibung für Abnutzung?“

„Die AfA, ermöglicht es dir, den Wertverlust deiner Immobilie über die Jahre steuerlich geltend zu machen. Das heißt, du kannst jährlich einen bestimmten Prozentsatz des Gebäu-

dewertes von deinen Mieteinnahmen abziehen, was deine steuerliche Belastung mindert."

„Das klingt sinnvoll", meinte Max. „Gibt es noch etwas, worauf ich achten sollte?"

„Ja, auf jeden Fall", sagte Tom. „Es ist wichtig, alle Belege und Nachweise sorgfältig zu sammeln und aufzubewahren. Denn das Finanzamt kann Nachweise für die angegebenen Werbungskosten verlangen. Außerdem solltest du darauf achten, dass du die Einnahmen und Ausgaben im richtigen Jahr erfasst, gemäß dem sogenannten Zu- und Abflussprinzip."

Max atmete tief durch. „Danke, Tom. Ich hätte nie gedacht, dass Steuern so komplex sein können."

Tom klopfte ihm auf die Schulter. „Es ist am Anfang viel, aber mit der Zeit wird es Routine. Und denk daran: Je besser du dich auskennst, desto mehr kannst du profitieren. Es gibt viele Möglichkeiten, Steuern zu sparen, wenn man weiß, wie. Ich kann noch einen Überblick über die wichtigsten steuerlichen Themen geben, dann bist du gut gewappnet. Entscheidend ist dabei auch, ob du deine Immobilie als Privatperson erwerben möchtest oder zum Beispiel durch eine Holding."

Max sah Tom erstaunt an. „Na, jetzt hast du mich aber neugierig gemacht, Tom."

Privat oder als GmbH

In manchen Kreisen gehört es schon fast zum „guten Ton", bereits vor der ersten Immobilie eine Holding mit zwei GmbHs darunter zu gründen. Kann das sinnvoll sein? Ja. Ergibt es in den meisten Fällen am Anfang Sinn? Nein!

Viel zu oft habe ich bereits erlebt, dass junge Investoren mit meisterlichem Excel-Können aus dem letzten Immobilienseminar herauskommen und voller Motivation gleich mal drei GmbHs gründen, obwohl sie noch keine einzige Immobilie gekauft haben. Das ist Unsinn. Natürlich ergibt eine Holdingstruktur langfristig nicht zuletzt aus steuerlichen Gründen Sinn, jedoch sollte man sich seiner Sache schon ganz sicher sein, da solch eine Struktur auch nicht unerhebliche Kosten verursacht. Denn mit einer Holdingstruktur mit drei GmbHs hat man mindestens 5.000 € bis 10.000 € Steuerberatungskosten im Jahr, ohne dass bis dahin viel passiert ist.

First things first – Real Estate First!

Mein Motto lautet deshalb: Real Estate First. Ich bin der festen Überzeugung, dass es gerade für Neueinsteiger sinnvoll ist, das erste Investment bzw. sogar die ersten zwei oder drei Wohnungen als Privatperson zu kaufen. Hier geht es, wie vorhin beschrieben, darum, ein Gefühl für Immobilien zu bekommen und das Geschäft von innen heraus kennenzulernen. Denn was, wenn dir das Investieren in Immobilien doch nicht zusagt? Zwar ist es eher unwahrscheinlich, dass du nach dem Lesen dieses Buches das Interesse verlierst, aber auch das kann passieren. Nicht jeder ist dazu bestimmt, Immobilienmillionär zu werden.

Hier sind einige Vor- und Nachteile des Immobilienkaufs und -verkaufs, je nachdem, ob man als Privatperson oder als GmbH handelt. Es gibt noch einige weitere Konstrukte zur steuerlichen Optimierung wie die GbR oder die GmbH & Co. KG, welche hier einfachheitshalber nicht behandelt werden.

Kriterium	Privat	GmbH
Steuerliche Vorteile	Steuerfreie Verkaufsgewinne nach 10 Jahren (Deutschland) Einkünfte aus Vermietung und Verpachtung können mit Werbungskosten reduziert werden	Körperschaftsteuer von 15 % (DE) bzw. 23 % (AT) auf Gewinne oft günstiger Möglichkeit zur steuerlichen Optimierung, z. B. durch Abschreibungen und Betriebsausgaben
Steuerliche Nachteile	Mietüberschüsse werden mit dem individuellen Einkommensteuersatz versteuert (bis zu 42 % oder mehr)	Verkaufsgewinne immer steuerpflichtig (auch bei langfristigem Besitz) Zusätzliche Gewerbesteuer bei gewerblichem Grundstückshandel (ab 3 Objekten in 5 Jahren)

Finanzierung	Anfangs einfachere Kreditaufnahme und bessere Konditionen bei der Finanzierung	Eigenkapital der GmbH erforderlich, neue GmbHs schwerer finanzierbar, teurere Konditionen
Haftung	Persönliche Haftung bei Kreditaufnahme	Haftung beschränkt sich auf das GmbH-Vermögen
Verwaltungs-aufwand	Geringer Aufwand: Keine Buchführungspflichten oder Jahresabschlüsse Einnahmen und Ausgaben werden in der Einkommensteuererklärung angegeben	Hoher Aufwand: Pflicht zur Buchführung, Bilanzierung und Steuerberatung Komplexere steuerliche und rechtliche Anforderungen
Flexibilität bei Nutzung	Eigennutzung ist meist einfach möglich	Eigennutzung kaum möglich, da steuerlich und rechtlich schwierig darstellbar
Kosten	Keine zusätzlichen Gesellschaftskosten	Kosten für Gründung, Verwaltung und laufende Steuerberatung

Langfristige Vermögensplanung	Direkte Kontrolle über das Vermögen und hohe Steuerlast bei Vererbung oder Schenkung (DE)	Möglichkeit, Immobilien unabhängig von der Privatperson zu verwalten sowie bessere Möglichkeiten zur Nachfolgeplanung und Steueroptimierung durch Anteilsübertragung (DE)
Verkauf	Steuerfreier Verkauf nach 10 Jahren (DE) oder Hauptwohnsitzregelung	Verkaufserlöse immer steuerpflichtig, unabhängig von der Haltezeit
Eigentümerwechsel	Beim Verkauf fallen Spekulationssteuer und weitere Steuern wie Grunderwerbsteuer an	Anteile können verkauft werden, ohne Grunderwerbsteuer auszulösen

Fazit

Der **private Immobilienkauf** ist primär für langfristige Anlagen, steuerfreie Verkäufe und Eigennutzung sinnvoll. Immobilien im Privatvermögen bedeuten weniger Aufwand, aber womöglich eine höhere Steuerlast auf Mieteinnahmen.

Der **Immobilienkauf in einer GmbH** ist geeignet für größere Portfolios, professionelle Verwaltung und steuerliche Optimierung, allerdings mit einem höheren Verwaltungsaufwand und stets steuerpflichtigen Gewinnen. Diese Struktur ist ideal für Investoren, die langfristiges Wachstum im Blick haben.

Vermietung als Privatperson

Sozialversicherung und Umsatzsteuer

Bei der Vermietung als Privatperson ist es wichtig zu wissen, dass keine Sozialversicherung auf Mieteinnahmen anfällt. Solange du in Österreich die Kleinunternehmergrenze von 55.000 € Brutto-Jahresumsatz pro Jahr (ab 2025) nicht überschreitest, musst du weiterhin keine Umsatzsteuer bei der Vermietung ansetzen. Diese beträgt sonst zehn Prozent bei der Vermietung von Wohnraum. In Deutschland ist die private Vermietung von Wohnraum grundsätzlich umsatzsteuerfrei. Man kann aber freiwillig zur Umsatzsteuer optieren. Das kann Sinn ergeben, wenn man an Gewerbetreibende, also an Unternehmer, im größeren Stil vermietet.

Zehn Prozent mehr von der Miete

Meistens ist es von Vorteil, als Privatperson ohne Umsatzsteuer zu vermieten, da du so zehn Prozent mehr Nettomieteinnahmen hast. Deinem Mieter ist egal, wofür er die Miete bezahlt. Damit meine ich, ob er die Miete für die Nettomiete, den Steueranteil oder die Betriebskosten bezahlt. Der Mieter hat schlichtweg ein Gesamtbudget für die Miete, das er sich leisten kann. Deine Mieteinnahmen abzüglich Betriebskosten, Abschreibung (Afa), ggf. Instandhaltung und Instandsetzungsmaßnahmen und Zinsen (Zinsen der Finanzierung) musst du mit einem persönlichen Einkommensteuersatz, je nach Progressionsstufe, versteuern.

Wichtiger Hinweis

Vom Darlehen sind laufend nur die Zinsen als Ausgabe absetzbar, aber nicht die Tilgung (= Rückzahlung des Kreditbetrages).

Du zahlst weniger Einkommenssteuer als du denkst

Dein persönlicher Einkommensteuersatz kann aktuell in Deutschland bis zu 45 Prozent und in Österreich bis zu 55 Prozent betragen. Meiner Erfahrung nach zahlen die meisten Leute jedoch weniger Einkommenssteuer, als sie denken. Ja, richtig gehört: weniger und nicht mehr.

Warum ist das so? Aufgrund der Einkommensteuerprogression kommt man immer auf einen niedrigeren Einkommensteuersatz als die höchste Stufe, in der nur der höchste Teil des Einkommens versteuert wird. Progression bedeutet, dass die ersten Anteile des Einkommens geringer besteuert werden als die höheren Anteile des Einkommens. Ein bestimmter Betrag ist sogar steuerfrei. Dadurch kommt man im Durchschnitt auf einen wesentlich geringeren Steuersatz, als man oft glaubt. Warum ist das relevant? Um bei deinem Investment zu berechnen, wie viel Steuerlast du auf deinen Überschuss aus der Vermietung hast.

Sowohl für Deutschland als auch für Österreich gibt es Online-Rechner, um deine Einkommenssteuer sowie durchschnittlichen Einkommensteuersatz in Prozent zu berechnen. Befrage dazu die Suchmaschine deines Vertrauens mit „durchschnittlichen Einkommensteuersatz berechnen“.

Vermietung als GmbH

Wenn du mit einer GmbH vermietest, benötigst du, solange du das eigene Vermögen verwaltest, noch keinen Gewerbeschein. Solange du keinen Gewerbeschein hast, sind die Mieteinnahmen auch nicht sozialversicherungspflichtig. In gewissen Vermietungs- oder Verpachtungsbereichen benötigst du jedoch einen Gewerbeschein, zum Beispiel wenn du Kurzzeitvermietung betreibst oder Serviced Apartments, Hotels oder ähnliche Gewerbe ausübst oder wenn du gewerblicher Grundstückshändler oder Makler bist. Es ist ratsam, deinen individuellen Fall mit einem erfahrenen Investor, Steuerberater und Rechtsanwalt abzuklären.

GmbH Besteuerung Österreich

In Österreich gibt es eine Steuer auf Unternehmensgewinne in Höhe von derzeit 23 Prozent. Diese nennt man Körperschaftsteuer, kurz KÖST. Die KÖST ist unabhängig davon, ob die GmbH ein Gewerbe angemeldet hat oder nicht.

GmbH Besteuerung Deutschland

In Deutschland ist die Situation etwas komplizierter. Hier teilt sich die Gewinnsteuer für Unternehmen in Körperschaftsteuer (KÖST), Gewerbesteuer (GewST) und Solidaritätszuschlag (Soli). Die Körperschaftsteuer beträgt 15 Prozent. Die Gewerbesteuer ist je nach Gemeinde unterschiedlich und beträgt zwischen sieben und 17,5 Prozent. Der Solidaritätszuschlag stammt aus der Nachkriegszeit zur Wiedervereinigung Deutschlands und beträgt 5,5 Prozent der KÖST, somit 5,5 Prozent von 15 Prozent und ergibt 0,825 Prozent vom zu versteuernden Einkommen.

Jetzt kommt der große Vorteil bei der Vermietung von Immobilien. Solange du in Deutschland eine reine vermögensverwaltende GmbH (VV-GmbH) betreibst, mit der du keine gewerbliche Tätigkeit ausübst, zahlst du nur die KÖST in Höhe von 15 Prozent und den Soli, aber keine Gewerbesteuer. Wichtig ist, dass die GmbH nicht „gewerblich infiziert" wird. Kurz gesagt bedeutet das, dass du nur „normale" Langzeitvermietung machen solltest und keine Kurzzeitvermietung und auch keine Zusatzservices wie Frühstück, Wäscheservice oder Münzautomaten für Snacks usw. anbieten darfst.

Verkauf als Privatperson

Österreich

Beim Verkauf von Immobilien als Privatperson in Österreich bezahlst du aktuell grundsätzlich 30 Prozent Immobilienertragsteuer (Immo-Est) auf den Gewinn. Der Gewinn berechnet sich aus dem Verkaufspreis abzüglich des Buchwertes zum Zeitpunkt der Veräußerung. Der Buchwert oder auch Restbuchwert genannt ist die Differenz zwischen dem Anschaffungspreis der Immobilie und der Summe aller bisherigen Abschreibungen (Kaufpreis abzgl. Abschreibung = Buchwert).

Wichtig ist hierbei, dass es einen wirtschaftlichen Grund für den Verkauf geben muss, der nicht rein finanziell motiviert bzw. gewinnorientiert sein darf. Sonst läufst du nämlich Gefahr, gewerblicher Grundstückshändler zu werden, speziell, wenn du öfter kaufst und verkaufst und das sogar in kurzen Abständen wie bei Fix-und-Flip-Konzepten mit klarer Gewinnabsicht. Dann bist du als Privatperson gewerblich tätig und somit sowohl voll sozialversicherungspflichtig als auch voll einkommensteuerpflichtig. Für Fix und Flip und andere operative Immobiliengeschäfte empfiehlt es sich, aus den oben genannten Gründen sowie aus Haftungsgründen unbedingt eine GmbH oder FlexCo (die neue Kapitalgesellschaft in Österreich) zu gründen. Als Privatperson gibt es eine schöne Ausnahme von der Steuerpflicht, die jedoch nur eingeschränkt anwendbar ist: die Hauptwohnsitzbefreiung, mit der du ganz steuerfrei verkaufst.

Bei der Hauptwohnsitzbefreiung gibt es zwei Möglichkeiten, steuerfrei zu verkaufen:

- Durchgehender Lebensmittelpunkt für zwei Jahre: Du musst in der Regel innerhalb von max. ein Jahr nach Kauf der Immobilie eingezogen sein und nach max. ein Jahr nach Auszug aus der Immobilie verkauft haben
- oder du hast innerhalb von zehn Jahren insgesamt fünf Jahre in der Immobilie gelebt.

Bitte beachte, dass diese Regelungen nur einen Überblick bieten sollen und eine detaillierte Steuer- bzw. Rechtsberatung auf keinen Fall ersetzen können, und unbedingt immer im Einzelfall zu klären sind!

Wenn du noch auf der Suche nach einem Profi bist, der dich im Hinblick auf Steuern begleitet, dann kann ich dir meinen persönlichen Steuerberater nur ans Herz legen. Schau im Supplier Hub vorbei und hol dir den direkten Kontakt zu meinem Steuerberater.

Immo Mentor Supplier Hub:

Deutschland

In Deutschland gibt es beim Privatverkauf einen wesentlichen Vorteil. Der Verkauf von Immobilien aus dem Privatvermögen ist steuerfrei, wenn zwischen Ankauf und Verkauf mindestens zehn Jahre vergangen sind (zehn Jahre Haltedauer). Diese Regel betrifft Gewinne aus dem Verkauf, unabhängig von der Anzahl der Immobilien, solange sie nicht als gewerblicher Handel eingestuft werden. Wenn die Immobilie ausschließlich selbst genutzt wurde oder im Jahr des Verkaufs sowie in den beiden vorangegangenen Jahren zu eigenen Wohnzwecken diente, kann der Verkauf ohne Einhaltung der Zehn-Jahres-Frist steuerfrei sein.

Wenn eine Person häufig Immobilien kauft und verkauft, kann sie als gewerblicher Grundstückshändler eingestuft werden. Dann gelten andere Regeln. Hier gibt es wiederum die Ausnahme der „Drei-Objekte-Regel“: Verkaufst du maximal drei Immobilien innerhalb von fünf Jahren, geht das Finanzamt in der Regel nicht von einem gewerblichen Grundstückshandel aus. Darüber hinaus wirst du gewerblich und voll steuer- und sozialversicherungspflichtig.

Die Zehn-Jahres-Frist wie auch die Drei-Objekte-Regel gibt es nur in Deutschland und trifft auf Österreich nicht zu.

Verkauf als GmbH

Österreich

Wenn du eine Immobilie aus der GmbH verkaufst, fallen auch hier 23 Prozent Körperschaftsteuer an. Während des Geschäftsjahres kannst du in der GmbH Verluste aus anderen Geschäften mit Gewinnen gegenrechnen und ausgleichen.

Deutschland

Auf die Gewinne in einer GmbH in Deutschland fallen, wie bereits erwähnt, 15 Prozent Körperschaftsteuer, die je nach Bundesland anfallende Gewerbesteuer in Höhe von sieben bis 17,5 Prozent sowie der Solidaritätszuschlag an.

Asset- vs. Share-Deal

Wenn du eine Immobilie von einer GmbH kaufst, nennt man das einen „Asset-Deal", da das Asset, der Vermögenswert, also die Immobilie selbst verkauft wird. Demgegenüber steht der sogenannte „Share-Deal". Beim Share-Deal werden Shares, also Unternehmensanteile der GmbH, verkauft.

Der **Vorteil** eines Share-Deals liegt darin, dass man dadurch die Grunderwerbsteuer in Höhe von dreieinhalb bis sechs Prozent legal umgehen kann.

Der **Nachteil** bei Share-Deals besteht darin, dass man bei einem Share-Deal die unbegrenzten Risiken aus der Vergangenheit der GmbH übernimmt. Man kauft also die sprichwörtliche Katze im Sack. Dieses Risiko kann man unter bestimmten Umständen vertraglich auf den Verkäufer übertragen, sodass man im Falle von Haftungen der GmbH nicht dafür verantwortlich gemacht wird.

Die Grunderwerbsteuer kann man dann umgehen, wenn man die 95-Prozent-Grenze in Österreich bzw. 90-Prozent-Grenze in Deutschland nicht überschreitet. Das bedeutet, wenn maximal 89,9 Prozent (DE) bzw. 94,9 Prozent (AT) an einen Käufer verkauft werden und die restlichen Anteile 10,1 Prozent (DE) bzw. 5,1 Prozent (AT) an einen anderen Käufer gehen oder beim alten Eigentümer verbleiben. Der entscheidende Punkt ist, dass durch die Übertragung keine vollständige wirtschaftliche Kontrolle über die Immobilie beim Käufer entstehen darf. Der Erwerb von 90 Prozent oder mehr der Anteile innerhalb von zehn Jahren würde wiederum die Grunderwerbsteuer auslösen. Sinn ergibt der Share-Deal in der Regel erst bei großen Transaktionen in Millionenhöhe. Darüber hinaus gibt es natürlich viele weitere Steueroptimierungs- und Sparmodelle, wohlgemerkt alles auf legalem Wege innerhalb der gesetzlichen Rahmenbedingungen.

Grunderwerbsteuer (GrEST)

Beim Kauf von Immobilien fallen in Österreich aktuell dreieinhalb Prozent vom Kaufpreis an. In Deutschland gliedert sich die Grunderwerbsteuer je nach Bundesland unterschiedlich wie folgt:

Bundesland	**Steuersatz**
Bayern	3,5 %
Sachsen	3,5 %
Hamburg	4,5 %
Baden-Württemberg	5,0 %
Bremen	5,0 %
Niedersachsen	5,0 %
Rheinland-Pfalz	5,0 %
Sachsen-Anhalt	5,0 %
Berlin	6,0 %
Hessen	6,0 %

Mecklenburg-Vorpommern	6,0 %
Schleswig-Holstein	6,5 %
Brandenburg	6,5 %
Nordrhein-Westfalen	6,5 %
Saarland	6,5 %
Thüringen	6,5 %

Befreiungen von der Grunderwerbsteuer

Es gibt bestimmte Fälle, in denen keine Grunderwerbsteuer anfällt, zum Beispiel:

- Immobilienübertragungen zwischen Ehepartnern, eingetragenen Lebenspartnern oder nahen Verwandten
- Erbschaften und Schenkungen (sofern sie nach dem Erbschaft- und Schenkungsteuergesetz behandelt werden)

Abschreibung für Abnutzung (AfA)

Die Abschreibung für Abnutzung (AfA) kannst du von deinen Mieteinnahmen neben den Zinsen ebenfalls steuerlich abziehen.

Die Abschreibung unterscheidet sich für Deutschland und Österreich und berechnet sich anteilig vom Gebäudewert. Die Höhe der AfA ergibt sich aus der jeweiligen Nutzungsdauer des Gebäudes. Es gibt auch Unterschiede zwischen Wohn- und Gewerbeimmobilien. Wohnimmobilien haben in der Regel eine höhere Nutzungsdauer und somit eine niedrigere jährliche Abschreibung als Gewerbeimmobilien. Bei Gewerbeimmobilien geht man von einer kürzeren Nutzungsdauer aus, deshalb fällt die AfA höher aus. Die AfA wird auf den Gebäudewert angewendet, nicht auf den Bodenwert, und erfolgt in gleichbleibenden Jahresbeträgen über die Nutzungsdauer. Der Bodenwert ist nicht abschreibbar.

AfA in Deutschland

- **Wohnimmobilien:**
  - Gebäude, die nach dem 31.12.1924 fertiggestellt wurden: AfA-Satz von zwei Prozent pro Jahr (über 50 Jahre)
  - Gebäude, die vor dem 01.01.1925 fertiggestellt wurden: AfA-Satz von zweieinhalb Prozent pro Jahr (über 40 Jahre)
- **Gewerbeimmobilien:**
  - Abschreibung erfolgt meist nach der tatsächlichen Nutzungsdauer. Häufig beträgt diese drei Prozent pro Jahr (über ca. 33 Jahre) oder nach Gutachten

Beispielrechnung:

- Gesamtkaufpreis: 500.000,00 €
- Bodenwert: 100.000,00 €
- Gebäudewert: 400.000,00 €
- Berechnung der AfA:

$$400.000{,}00\,€ \times 2\% = 8.000{,}00\,€ \text{ pro Jahr}$$

AfA in Österreich

- **Wohnimmobilien zur Vermietung:**
  - Standard-AfA-Satz: anderthalb Prozent pro Jahr (über 66,67 Jahre)

    * im ersten Jahr der Anschaffung viereinhalb Prozent
    * im zweiten Jahr der Anschaffung drei Prozent
    * ab dem dritten Jahr anderthalb Prozent
  - Erhöhte AfA: zwei Prozent pro Jahr, wenn der Bau nachweislich nach 1945 errichtet wurde und eine kürzere Nutzungsdauer gerechtfertigt ist
  - Im ersten Jahr viereinhalb Prozent
- **Betriebsgebäude (Gewerbeimmobilien)**:
  - zweieinhalb Prozent pro Jahr (über 40 Jahre) oder nach Gutachten

Beispielrechnung:

- Gesamtkaufpreis: 500.000,00 €
- Bodenwert: 100.000,00 €
- Gebäudewert: 400.000,00 €
- Berechnung der AfA:

$$400.000,00\,€ \times 1,5\% = 6.000,00\,€$$

Unterschiede Deutschland und Österreich im Überblick:

Kriterium	**Deutschland**	**Österreich**
Standard-AfA-Satz	2 % (Wohnungen nach 1924)	1,5 % (Wohnimmobilien)
Erhöhte AfA-Sätze	2,5 % (ältere Gebäude)	2 % (Neubau nach 1945)
Gewerbe-immobilien	3 %	2,5 %
Abschreibungs-dauer	40 - 50 Jahre	50 - 66,67 Jahre

Fazit AfA

In **Deutschland** sind die AfA-Sätze für Wohnimmobilien höher (zwei Prozent oder zweieinhalb Prozent), die Abschreibungsdauer ist somit kürzer.

In **Österreich** beträgt der Standard-AfA-Satz nur anderthalb Prozent, was zu einer längeren Abschreibungsdauer führt. In beiden Ländern wird der Bodenwert nicht abgeschrieben, sondern nur der Gebäudewert.

Instandhaltung und Instandsetzung

Immobilienbesitz bedeutet Verantwortung – nicht nur für den Werterhalt, sondern auch für die langfristige Funktionalität und Sicherheit eines Objekts. Zwei zentrale Begriffe in diesem Zusammenhang sind **Instandhaltung** und **Instandsetzung**, die oft verwechselt werden, jedoch unterschiedliche Aufgaben und Ziele haben.

Instandhaltung – Werterhalt durch Pflege und Wartung

Die **Instandhaltung** umfasst Maßnahmen, die dazu dienen, den Zustand eines Gebäudes oder seiner technischen Anlagen zu bewahren. Dazu gehören regelmäßige Wartungen, kleinere Reparaturen und präventive Maßnahmen, um größere Schäden zu vermeiden. Klassische Beispiele sind:

- Kontrolle und Reinigung von Heizungsanlagen
- Wartung von Aufzügen und Brandschutzsystemen
- Erneuerung von Dichtungen und Fugen

Diese Maßnahmen sind planbar und dienen dazu, den Wert der Immobilie langfristig zu sichern, hohe Reparaturkosten zu vermeiden und den gesetzlichen Anforderungen gerecht zu werden.

Instandsetzung – Wiederherstellung nach Schäden

Die Instandsetzung kommt dann ins Spiel, wenn bereits ein Schaden entstanden ist. Hier geht es nicht um vorbeugende Maßnahmen, sondern um die Wiederherstellung der ursprünglichen Funktionsfähigkeit eines Bauteils oder einer Anlage.

Typische Beispiele sind:

- Austausch einer defekten Heizungsanlage
- Reparatur eines undichten Dachs
- Reparatur oder Erneuerung des Bodens in einer Wohnung
- Erneuerung beschädigter Fenster

Prävention spart Kosten

Während die Instandhaltung regelmäßige Investitionen erfordert, hilft sie langfristig, teure Instandsetzungen zu vermeiden. Ein durchdachtes Wartungskonzept zahlt sich aus – nicht nur durch die Verlängerung der Lebensdauer der Immobilie, sondern auch durch die Vermeidung von plötzlichen, kostspieligen Reparaturen.

Eine der wichtigsten Instandhaltungsaufgaben ist die Kontrolle von Silikonfugen in Badezimmern, Küchen und anderweitigen Nassräumen, um Wasserschäden zu vermeiden.

Steuerliche Behandlung von Instandhaltung und Instandsetzung

Die steuerliche Behandlung von Instandhaltungs- und Instandsetzungsmaßnahmen ist ein wichtiges Thema für Immobilienbesitzer und Investoren. Beide Begriffe haben unterschiedliche steuerliche Konsequenzen, insbesondere hinsichtlich der **Sofortabsetzbarkeit** oder **Abschreibungspflicht**. In Deutschland gibt es klare Abgrenzungen, Österreich bietet in manchen Bereichen flexiblere Regelungen. Im Folgenden schauen wir uns das Ganze im Detail an.

Deutschland

Instandhaltungskosten: Sofort abzugsfähig

In Deutschland gelten Instandhaltungskosten als Erhaltungsaufwand, wenn sie die Funktionstüchtigkeit eines Gebäudes erhalten, ohne es wesentlich zu verändern oder zu verbessern. Diese Kosten können bei vermieteten Immobilien in der Regel sofort steuerlich geltend gemacht werden.

Beispiele für sofort abzugsfähige Instandhaltungskosten:

- Austausch einer Heizungsanlage gleicher Art
- Dachreparaturen ohne Veränderung der Statik
- Fassadenanstrich oder Austausch beschädigter Fenster
- Wartung von Sanitär- und Elektroinstallationen

Instandsetzungskosten: Sofortabzug oder Abschreibung?

Instandsetzungskosten werden in Deutschland als **Erhaltungsaufwand** behandelt, wenn sie keinen erheblichen Herstellungsaufwand darstellen. Dann sind sie ebenfalls sofort abzugsfähig. Allerdings gibt es eine wichtige Ausnahme: Die „**anschaffungsnahen Herstellungskosten**".

Werden innerhalb der ersten **drei Jahre nach Erwerb** einer Immobilie **mehr als 15 Prozent der Anschaffungskosten** (ohne Grundstück) für Instandhaltungen/Instandsetzungen aufgewendet, gelten diese als **Herstellungskosten**. Diese müssen dann über die **Restnutzungsdauer** (bei Wohngebäuden in der Regel 50 Jahre, zwei Prozent pro Jahr) abgeschrieben werden und sind nicht sofort steuerlich absetzbar.

Beispiele für Herstellungskosten (keine sofortige Absetzbarkeit):

- Komplette Erneuerung von Elektrik und Sanitär
- Dachsanierung mit Ausbau
- Grundrissänderungen und Erweiterungen

Österreich

Instandhaltung: Sofort abzugsfähig

Auch in Österreich sind Instandhaltungskosten in der Regel sofort abzugsfähig, wenn sie laufende Reparaturen oder Wartungen betreffen.

Beispiele für sofort abzugsfähige Instandhaltungskosten:

- Streichen von Wänden
- Austausch von Bodenbelägen
- Reparaturen an Dach und Fassade
- Wartung von Heizungs- und Elektroanlagen
- Austausch von Fugen oder Dichtungen

Instandsetzung: Unterschiedliche Regelungen

Die steuerliche Behandlung von **Instandsetzungen** unterscheidet sich in Österreich je nach Art der Maßnahme:

- **Kleinere Instandsetzungen** (Austausch einzelner Fenster oder eine Heizungssanierung ohne Verbesserung der Energieeffizienz etc.) sind **sofort abzugsfähig**.
- **Größere Sanierungen**, die eine wesentliche Verbesserung der Immobilie darstellen, gelten als **Investitionen** und müssen über **15 Jahre abgeschrieben** werden.

Beispiele für 15-jährige Abschreibungspflicht:

- Totalsanierung einer Wohnung
- Erneuerung der gesamten Haustechnik
- größere energetische Sanierungen, die den Gebäudestandard verbessern

Unterschiede Deutschland und Österreich im Überblick:

Kriterium	Deutschland	Österreich
Instandhaltung	Sofort abzugsfähig	Sofort abzugsfähig
Instandsetzung	Sofort abzugsfähig, außer es handelt sich um anschaffungsnahe Herstellungskosten (15-Prozent-Regel innerhalb von drei Jahren)	Sofort abzugsfähig, sofern keine erhebliche Wertsteigerung erfolgt

Herstellungskosten	Abschreibung über 50 Jahre (2 % pro Jahr)	Abschreibung über 15 Jahre (bei größeren Sanierungen) oder 40 Jahre (bei Erweiterungen)
Energetische Sanierung	Gilt oft als Herstellungskosten, wenn eine wesentliche Verbesserung erfolgt	Kann über 15 Jahre abgeschrieben werden
Anschaffungsnahe Regelung	Strikte 15-Prozent-Grenze innerhalb von drei Jahren	Keine feste Grenze – Bewertung nach Einzelfall

18

Fazit und Ausblick

Besser Fokus als Hokuspokus

Zum Schluss möchte ich dir noch einmal die zehn wichtigsten Gründe für den Kauf von Immobilien zusammenfassen. Du fragst dich vielleicht: Warum wiederholt er sich jetzt schon wieder? Ganz einfach: Selbst nach über 15 Jahren im Geschäft erinnere ich mich immer wieder an die Grundlagen. „Übung macht den Meister" – dieser Spruch gilt auch im Bereich Immobilien-Know-how. Die Punkte sind die Grundlage für deinen Erfolg mit Immobilien, und man kann sie einfach nicht oft genug verinnerlichen. Deshalb präsentiere ich dir hier noch einmal die zehn wichtigsten Punkte:

1. Leverage-Effekt durch den Hebel des Fremdkapitals
2. Hohe Eigenkapitalrendite
3. Dein Schuldenberg schmilzt durch Inflation
4. Wertsicherung durch Mietsteigerungen
5. Sehr geringe Steuern
6. Aktiver Gestaltungsspielraum bei direkten Immobilieninvestments – Du entscheidest – Du gestaltest
7. Laufende Einnahmen (Cashflow) mit deinem Asset (Wert) durch Mieteinnahmen
8. Wertsteigerung im Laufe der Zeit
9. Langfristiger, sicherer Vermögensaufbau
10. Keine Sozialversicherung auf Einkünfte aus Vermietung und Verpachtung (privat)

Von der Theorie zur Praxis: T U N

Wenn du dieses Buch aufmerksam gelesen und bis hierher durchgehalten hast, kannst du dir an dieser Stelle auf die Schulter klopfen. Du hast den ersten Schritt gemacht und dir fundiertes Wissen angeeignet. Doch eines ist klar: Wissen allein bringt uns nicht weiter, wenn wir es nicht in die

Tat umsetzen. Denn wie wir alle wissen, scheitern über 80 Prozent der Menschen, die solch kluge Bücher lesen, genau daran, denn sie setzen das Gelernte einfach nicht um.

Um dich davor zu bewahren und dich in die Umsetzung zu bringen, habe ich ein gezieltes Mentoring-Programm entwickelt. In nur drei Monaten werde ich dir Schritt für Schritt dabei helfen, deine erste Immobilie zu erwerben – mit einer klaren Struktur, voller Praxisnähe und in einer unterstützenden Gruppe. In diesen drei Monaten wirst du alles weitere Wesentliche lernen, mit Hilfe von Videos, Live-Calls und kontinuierlicher Betreuung durch mich persönlich, deinem Immo Mentor.

Nach dieser intensiven Phase wirst du deine erste Wohnung in der Tasche haben – das Investment ist dann kein Traum mehr, sondern Realität. Mach den nächsten Schritt und komm in die *Immo Mentor Community*!

Immo Mentor Community:

Gastbeitrag von Jan Henning

100X: Warum klein denken? Eskalieren statt skalieren

Eine wichtige Erkenntnis, die ich direkt zu Beginn teilen möchte: Einer meiner größten Fuck-ups war, dass ich anfangs zu kleine Ziele hatte. Das weiß ich nun. Allerdings war es zu der Zeit, Anfang der 2000er, schon sehr ambitioniert, mit 40 nicht mehr arbeiten zu wollen. Man muss bedenken, dass es damals das Thema Internet zwar gab, aber *YouTube* oder Online-Kurse kannte man nicht. Veröffentlichungen, die sich mit dem Thema finanzielle Freiheit oder finanzielle Bildung befassten, waren sehr überschaubar. Das einzige Buch, das es damals gab, war von Bodo Schäfer *Finanzielle Freiheit in sieben Jahren zur ersten Million*. Dieses Buch hat mich sicherlich auf den Weg gebracht, mich der Thematik Investment und Sparquote so früh anzunehmen.

Mein Portfolio umfasst heute über 350 Einheiten, im Wesentlichen an drei Standorten: das Rhein-Main-Gebiet, wo ich ursprünglich lebte und aufgewachsen bin, der Standort Saarbrücken und das östliche Ruhrgebiet. Manche, die mir bei *Instagram* folgen, haben vielleicht die Änderung von *10X* zu *100X* in meinem Profilnamen mitbekommen (*jan_henning_100x*). Ich bin ein großer Verfechter der Ansichten von Grant Cardone, was Immobilien angeht. Ich war einer der ersten Teilnehmer in Deutschland seines *10X-Programms*. Was Grant Cardone und mich „verbindet" ist, dass er sich als Verkäufer ein Milliardenportfolio aufgebaut hat und ich ebenfalls Verkäufer bin. Mein Sohn und ich haben eine Wette am Laufen, wer von uns beiden der erste Milliardär der Familie Henning wird.

Jeder, der sich dem Thema Vermögensaufbau und Altersvorsorge widmet, kommt um Immobilien nicht herum. Sie sind die einzige Assetklasse, die derartig fremdfinanziert und dadurch gehebelt werden kann: Man hat 10.000 € Eigenkapital und kann für 100.000 € eine Immobilie erwerben. Das war der Ursprung des 10X-Konzeptes, wobei es sich auch auf andere Lebensbereiche ausdehnt, um ein außergewöhnliches und geiles Leben leben zu können. Wie ich zu sagen pflege: „Das Leben ist zu geil für Average, jeden Tag von Montag bis Freitag, Woche für Woche, Jahr für Jahr mehr oder weniger von der Hand in den Mund dahin zu vegetieren." Warum machen wir nicht mehr aus unserem Leben?

Ursprünglich bestand die 10X-Überlegung darin, dass eine Wohnung als Altersvorsorge zwar ganz cool ist, doch mit zehn Wohnungen geht's dir finanziell eindeutig besser und du kannst mit großer Wahrscheinlichkeit deinen Ruhestand vorziehen. Das Leben als Privatier stelle ich mir so vor, dass man nicht arbeiten muss, sondern frei ist. Frei in der Entscheidung, wann man wie viel (Zeit) in sein Unternehmen oder in seine Immobilien investieren möchte. Wirklich lebensverändernd aus finanzieller Sicht ist ein dreistelliges Immobilien-Portfolio. Um das zu verdeutlichen, hier ein kurzes Beispiel:

Wenn ich 300 € Mieteinnahmen monatlich habe, die meine Rente aufbessern oder 3.000 €, dann macht das schon einen deutlichen Unterschied. Wenn ich aber 30.000 € pro Monat Mieteinnahmen habe, ist das lebensverändernd. Du machst dir keine Gedanken mehr darüber, wo du Urlaub machen möchtest, wie weit du reisen möchtest. Du machst es einfach! Gleichzeitig ermöglichen Geld und finanzielle Mittel mehr Freiheit, tolle Erlebnisse, aber vor allem auch

Gesundheit. Du kannst dir dadurch die besseren Ärzte und die besseren Nahrungsmittel leisten. Du kannst mehr in unsere Gesundheit investieren, auch weil du mehr Zeit für Sport hast.

Mit über 20 Jahren Erfahrung weiß ich, dass es am Anfang essenziell ist, Ziele zu definieren. Welche Ziele hast du für dieses Jahr und welche für die nächsten fünf Jahre? Wenn ich mir das Ziel setze, in fünf Jahren 100 Wohnungen zu besitzen, hat es zur Folge, dass ich jedes Jahr 20 Wohneinheiten oder zwei Mehrfamilienhäuser kaufe. Der Erwerb einer einzelnen Wohnung ergibt aus meiner Sicht nur Sinn, wenn es ein wirklich attraktiver, spannender, ja günstiger Deal ist. Aber hinsichtlich der Eskalation des Portfolios ist der Erwerb von Mehrfamilienhäusern (MFH) der Gamechanger: Du hast den gleichen Zeitaufwand bei der Prüfung eines MFH wie bei einer Wohnung. Ob du bei der Bank ein Darlehen für 100.000 € für eine Wohnung oder eine Million für ein MFH anfragst, ist für beide der gleiche Aufwand. Jedoch ist das MFH für beide Seiten ein viel besseres Investment.

Für mich als Bestandshalter beginnt der Spaß mit diesen Objekten nach acht bis zwölf Jahren. In diesem Zeitraum werden zwei- oder dreimal die Mieten erhöht und nach zehn Jahren wird umfinanziert, da die typische Finanzierung auf zehn Jahre läuft, dann machst du eine Anschlussfinanzierung. Zu diesem Zeitpunkt sind ca. 30 Prozent des Hauses abbezahlt und ich habe nur noch eine Restschuld von ca. 70 Prozent zu refinanzieren. Das wiederum bedeutet, dass dein Cashflow steigt und Monat für Monat mehr übrig bleibt.

Das Immo-Game ist ein Marathon, ein langfristiges Investment, das unglaubliche finanzielle Möglichkeiten über die Zeit entwickelt. Allerdings passiert das nicht von heute auf morgen.

Umsetzen

Es gibt Studien, die belegen, dass der Unterschied zwischen erfolgreichen und weniger erfolgreichen Menschen häufig in der Schnelligkeit von Entscheidungen liegt. Bedenkträger, auch „Maybes" genannt, bewerten die Risiken stärker als die Chancen. Deswegen stehen sie sich bei der Umsetzung selbst im Weg. Die Amerikaner nennen das „Speed of Implementation". In den Studien sieht man einen großen Unterschied zwischen vermögenden und weniger vermögenden Menschen.

Am Anfang gilt es, zu verstehen, wo du in deiner Immobilien-Reise stehst: Welches finanzielle Wissen hast du? Welche Vermögenswerte sind bereits vorhanden? Welche Einkünfte hast du? Und wie kann man das Ganze optimieren? Was möchte man in fünf, zehn oder zwanzig Jahren erreichen? Weiter oben hatte ich erwähnt, dass mein größter Fuck-up war, zu kleine Ziele zu haben, nämlich realistische Ziele. Setz dir ruhig richtig ambitionierte Ziele, auch wenn sie noch so groß sind. Schreibe sie auf und visualisiere deine Ziele, es sind eben DEINE Ziele. Und handle dementsprechend.

Über den Gastautor

Jan Henning, 50 Jahre jung, hatte Anfang 20 das Ziel, mit 40 nicht mehr arbeiten zu müssen. Dieses Ziel hat er bereits durch die Vermietung seiner ersten drei Wohnungen erreicht. Mittlerweile hat er über 350 Wohnungen in seinem Portfolio und lebt mit seiner Familie am Zürichsee. Seine Ziele sind in der richtigen Reihenfolge: zehn Stunden pro Woche Sport zu treiben, möglichst viel Zeit mit der Familie zu verbringen und weiter Immobilien zu kaufen.

19

Netzwerke und Anschluss finden

Dein Netzwerk ist dein Erfolg

„Dein Netzwerk ist Dein Erfolg“ ist nicht umsonst das Motto unseres *Immo Invest Club Austria (IIC)* – ein großes Netzwerk und die richtigen Bekanntschaften sind die halbe Miete, denn wie heißt es auch so schön: „Network makes the dream work“.

Gerade in der Immobilienbranche ist das Netzwerk so unerlässlich wie nirgendwo sonst. Glaube mir, mit 18 Jahren Erfahrung als Unternehmer und 16 Jahren als Immobilieninvestor weiß ich, wovon ich spreche.

In diesem Kontext kommt es jedoch häufig zu einem Fehlschluss: Viele stellen sich ein Netzwerk vor, das ihnen die perfekten Immobilien auf dem Silbertablett präsentiert – sie müssten nur noch zugreifen. Und ja, das kann ab und an passieren, aber darum geht es in erster Linie gar nicht.

Das Netzwerk ist vor allem dann Gold wert, wenn du vor Herausforderungen stehst. Wenn du ein Problem hast – sei es eine gedankliche Blockade oder eine reale Hürde –, das es aus der Welt zu schaffen gilt. Ein Beispiel: Du hast nach ein paar Jahren einen Wasserschaden in einer Wohnung oder die Gastherme ist defekt. Was nun? Vor allem, wenn du noch nie vor dieser Herausforderung standest und die schnellste und beste Lösung bislang nicht kennst, wirst du möglicherweise verzweifeln oder dich zehnmal im Kreis drehen, bis du bei der Lösung ankommst. Hier kommt dein Netzwerk aus gleichgesinnten Immobilieninvestoren ins Spiel.

Glaube mir, ich habe schon sehr, sehr viele Menschen kennengelernt und niemand ist so hilfsbereit wie ein anderer Immobilieninvestor, der mal vor der gleichen Herausforderung stand und mit seiner Expertise anderen jetzt weiterhelfen kann. Deshalb ist ein gutes Netzwerk, ja eine tolle Community, wie meine *Immo Mentor Community*, einfach unerlässlich. Egal, vor welcher Herausforderung du stehst, deine Community wird dir bei der Lösungsfindung mit Rat und Tat zur Seite stehen. Entweder bekommst du direkt die Antwort, nach der du gesucht hast, zum Beispiel eine Empfehlung für einen tollen und verlässlichen Handwerker in deiner Region, oder du bekommst zumindest Inputs und Gedankenanstöße, die dich weiterbringen. Eine gute Community aus Personen mit den gleichen Interessen, dem gleichen Weg, den gleichen Zielen hat noch nie versagt.

Du bist der Durchschnitt aus fünf Personen

Du bist (bzw. wirst) der Durchschnitt der fünf Personen, mit denen du die meiste Zeit verbringst. Aus diesem Grund solltest du dich stets mit Leuten umgeben, die bereits einen Schritt weiter sind als du selbst, sodass du wachsen und von anderen lernen kannst. Und das geht auf jedem Erfahrungslevel, denn jeder hat jemanden, zu dem er aufsieht und von dem er etwas lernen kann. Nutze die Communitys und Netzwerke für dich.

Achte jedoch auch darauf, dass du nicht nur nimmst, sondern auch etwas zurückgibst. Mein Tipp: Besonders wenn du neu in eine Community, in eine neue Gruppe von Menschen dazustößt, überlege dir: „Wie kann ich den anderen hier helfen? Was kann ich einbringen? Welchen Mehrwert kann ich den Menschen hier bieten?“ Ich garantiere dir, wenn du dich positiv in die neue Community einbringst und auch nur einen kleinen Mehrwert stiftest und anderen hilfst, wirst du umso mehr Früchte ernten. Und wer weiß, vielleicht bekommst du ja schon bald den nächsten Deal auf dem Silbertablett serviert, weil du einfach ein netter Kerl bist, der zugänglich ist und anderen weiterhilft.

Kann das wirklich passieren?

Ja, das passiert tatsächlich. Vielleicht hast du in deiner Community jemanden, der besonders gut in der Akquise ist, aber nicht jeden Deal selbst kaufen kann. Die Deals werden dann gerne an andere Personen in der Community weitergereicht.

Und jetzt komm gleich ins **Tun** und stoße zur *Immo Mentor Community* dazu. Meine *Immo Mentor Community* ist kostenfrei, für Einsteiger und Fortgeschrittene zum Austausch mit Gleichgesinnten. Über die Community kannst du auch mich am besten erreichen.

Immo Mentor Community:

Immo Invest Club Austria:

Der *Immo Invest Club Austria (IIC)* ist kostenpflichtig, für Fortgeschrittene ab 20 Einheiten aufwärts.

Natürlich freue ich mich, wenn du mir auch folgst:

Instagram @derimmomentor:

YouTube @derimmomentor:

TikTok @derimmomentor:

Der *Immo Mentor Podcast* (auch auf *Apple* und *Google Podcast*):

Immo Mentor Podcast:

Hier auch noch meine persönliches Websites:

Der Immo Mentor:

Tom Urbanek:

Alle Links und weitere Angebote findest du auf meinem Linktree:

Linktree Tom Urbanek:

Danksagung

Ein Buch wie dieses entsteht nicht über Nacht und schon gar nicht im Alleingang. Mein besonderer Dank gilt meiner Frau Ines, die mich auf diesem Weg stets begleitet und unterstützt hat und wesentlich bei der Gestaltung des Buchs mitgewirkt hat. Ohne deine Ideen, Ratschläge und ehrlichen Worte wäre dieses Werk nicht das, was es heute ist.

Ebenso möchte ich meinem Netzwerk, dem *Immo Invest Club Austria (IIC)* rund um meine Geschäftspartner Paul Zödi und Daniel Richter danken, die mir immer wieder geholfen haben, neue Perspektiven zu entdecken und meine Gedanken zu schärfen.

Ein großer Dank geht an Maurice Bork von *Die Wichtigste Stunde*, der mich mit dem *ForwardVerlag* vernetzt hat und natürlich an das ganze Verlagsteam rund um Daniel, Patrick und Jasmine, die großartige Ideen in der Entwicklung und Vermarktung des Buches hatten.

Ein großes Dankeschön geht ebenfalls an an meine Gast-Autoren und alle die mir geholfen haben das Buch inhaltlich und fachlich zu überarbeiten: Hendrik Kuhlmann, Jan Henning, Daniel Richter (Immobilienrecht), Lukas Schwarzer (Steuerrecht).

Nicht zuletzt danke ich allen Leserinnen und Lesern, die sich mit **Der Schrei nach Wohlstand** auf die Reise begeben. Ich hoffe, es inspiriert, motiviert und bringt euch eurem Ziel näher.

Herzlichen Dank!

Tom Urbanek

Der *Immo Mentor*

Glossar

In diesem Glossar möchte ich dir die wichtigsten Begrifflichkeiten und Kennzahlen auf verständliche Weise näherbringen. Diese Begriffe sind unser Werkzeug, denn sie helfen nicht nur dabei, Fachkompetenz zu zeigen, sondern auch, gute Deals einzufädeln und sicherzustellen, dass du nicht über den Tisch gezogen wirst. Insbesondere konzentriere ich mich hier auf Begriffe, die du für den Kauf deiner ersten Wohnung benötigst.

Altlastenverzeichnis
Wie der Name schon sagt, listet das Altlastenverzeichnis alle möglichen Altlasten auf, zum Beispiel Verunreinigungen des Grundstücks. War früher eine Kfz-Werkstatt oder eine Tankstelle auf dem Grundstück, sollte dies im Altlastenverzeichnis der Stadt vermerkt sein.

Anfangsrendite
Die Anfangsrendite beschreibt die Rendite zum Kaufzeitpunkt der Immobilie bzw. von der ersten Vermietung an. Die Anfangsrendite wird auch Bruttoanfangsrendite genannt.

Annuitätendarlehen
Das Annuitätendarlehen stellt die klassische Form der Immobilienfinanzierung dar. Hier bleibt die monatliche Rate über die gesamte vereinbarte Laufzeit gleich.

Asset-Deal
Bei einem Asset-Deal handelt es sich um eine Form des Unternehmenskaufs. Hierbei erwirbt der Käufer einzelne Vermögenswerte sowie die Verbindlichkeiten der Unternehmen, welche materielle Güter wie Immobilien, Maschinen oder immaterielle Werte, wie Patente, umfassen können. Im Rahmen der „Einzelrechtsnachfolge“ werden einzelne Wirtschaftsgüter auf den Erwerber übertragen.

Außerbücherliches Darlehen
Dies sind Darlehen, die von der Hausverwaltung für die Wohnungseigentümergemeinschaft (WEG) aufgenommen werden, meist für Sanierungsmaßnahmen. Wenn die Rücklagen des Hauses für die Sanierungen nicht ausreichen, wird das Darlehen auf die einzelnen Eigentümer umgelegt. Diese zahlen ihren Anteil über die monatlichen Betriebskosten zurück.

Bauakt
Der Bauakt enthält sämtliche Informationen zu Veränderungen und Arbeiten am Gebäude. Durch den Bauakt kann man alle genehmigten Arbeiten und Veränderungen nachvollziehen. Du kannst den Bauakt beim zuständigen Bauamt der Stadt oder Gemeinde einsehen.

Ballon
Im Fachjargon bezeichnet man als „Ballon“ den endfälligen Anteil einer Finanzierung. Zum Beispiel: Wenn du 200.000 € auf 25 Jahre finanzierst und in den 25 Jahren nur 150.000 € zurückzahlst, bleibt am Ende der Laufzeit eine Restschuld von 50.000 €, die dann auf einmal, also endfällig, beglichen werden muss. Diese Methode schont

deinen laufenden Cashflow, während die Inflation im besten Fall einen großen Teil der Schulden abbaut, da 50.000 € in 25 Jahren vermutlich wesentlich viel weniger wert sein werden als jetzt.

Betriebskosten

Betriebskosten sind sämtliche laufenden Kosten im Zusammenhang mit der Nutzung um dem Betrieb die auf den Mieter umgelegt werden können. Dazu zählen unter anderem Wasser, Müllabfuhr, Kanalgebühren, Treppenhausreinigung, die Gebäudeversicherungen, der Winterdienst und die Verwaltung. Nicht zu den Betriebskosten zählen Reparaturen – diese werden aus der Reparaturrücklage bedient. Man nennt die Betriebskosten oft auch „Hausgeld“.

Bruttomiete

Die Bruttomiete wird umgangssprachlich immer einfach „Miete“ genannt. Die Bruttomiete ist der Gesamtbetrag, den der Mieter monatlich an dich zahlt, inklusive Betriebskosten, gegebenenfalls Steuern sowie Heiz- und Wasserkosten. Wie sich die Bruttomiete zusammensetzt, hängt davon ab, ob zum Beispiel die Heizkosten über die Hausverwaltung der WEG abgerechnet werden (bei einer Zentralheizung). Das Verwaltungsentgelt kann entweder in den Betriebskosten enthalten sein oder separat ausgewiesen werden.

Bonität

Die Bonität oder auch Kreditwürdigkeit beschreibt, wie „sicher“ ein Käufer als Kreditnehmer für die Bank ist.

Cashflow
Der Cashflow bezeichnet den Zahlungsfluss. In der Regel spricht man vom monatlichen Cashflow, was beispielsweise die Mieteinnahmen deines Mieters auf dein Konto abzüglich deiner Zahlungen an die Bank und die Hausverwaltung (Hausgeld) umfasst. Von positiven Cashflow spricht man, wenn am Ende des Monats ein Überschuss verbleibt.

Cashflow-Investment
Das Cashflow-Investment bezeichnet Geldmittel, die ein Unternehmen innerhalb eines bestimmten Zeitraums für Investitionen ausgibt oder durch Desinvestitionen eingenommen hat.

Due Diligence
Due Diligence beschreibt einen Prüfungsprozess, der sich auf die Unternehmensanalyse fokussiert. Im Fokus der Analyse stehen die finanziellen, wirtschaftlichen und rechtlichen Umstände eines Unternehmens, welches von einem anderen Unternehmen erworben werden soll. Die Due Diligence-Prüfung zielt darauf ab, den Erwerber vor potenziellen Unternehmensrisiken zu schützen.

Exposé
Ein Exposé sollte alle relevanten Informationen zu einem Objekt enthalten, die für die Bewertung und Einschätzung von Bedeutung sind. Es dient als übersichtliche Zusammenstellung und soll mit ansprechenden Bildern potenzielle Käufer ansprechen und zum Kauf anregen.

Energieausweis

Der Energieausweis ist beim Kauf einer Immobilie gesetzlich verpflichtend vom Verkäufer an den Käufer zu übergeben. Er gibt unter anderem Auskunft über den Heizwärmebedarf, die Wärmedämmung und weitere energetische Eigenschaften des Hauses.

Eigenkapital (EK)

Eigenkapital bezeichnet das Kapital, das du selbst in den Immobilienkauf einbringst.
Zum Beispiel: Wenn du eine Wohnung für 150.000 € kaufst und zusätzlich zehn Prozent Nebenkosten (also 15.000 €) anfallen, betragen die Gesamtinvestitionskosten genau 165.000 €. Bei einer klassischen 90-Prozent-Finanzierung erhältst du 90 Prozent des Kaufpreises (135.000 €) von der Bank und musst die restlichen 30.000 € selbst aufbringen. Diese 30.000 € stellen dein Eigenkapital (EK) dar.

Eigenkapitalrendite (EK-Rendite)

Die Eigenkapitalrendite ist die Rendite, die du auf dein eingesetztes Eigenkapital erwirtschaftest. Eine genaue Erklärung und die Berechnung dazu findest du in Kapitel 11 *Die Kalkulation* oder hier unter dem Punkt „Leverage-Effekt".

Einkommensteuer (Progression)

Die Einkommensteuer ist die Steuer, die du auf deine Einkünfte entrichten musst – in diesem Fall auf die Einnahmen aus Vermietung und Verpachtung. Aber auch Einnahmen aus dem Gehalt deines Jobs zählen hier dazu.

In zahlreichen privaten Coachings habe ich festgestellt, dass die meisten Menschen davon überzeugt sind, mehr

Steuern zu zahlen, als sie es tatsächlich tun. Das liegt am progressiven Einkommensteuersystem. Geringere Einkommen werden niedriger, höhere Einkommen stärker besteuert. Prinzipiell ist das ein faires und logisches System. Dennoch glauben viele, dass sie zwischen 10 und 15 Prozent mehr Steuern zahlen, als es wirklich der Fall ist. Das zeigt, wie schlecht das Thema in der öffentlichen Kommunikation rüberkommt – ein Missverständnis, das meiner Meinung nach vom Staat nicht richtig adressiert wird. Es ist wichtig, deinen durchschnittlichen Einkommensteuersatz zu kennen, da dieser entscheidend für die Berechnung deiner Steuerlast und somit für die Rentabilität deiner Immobilie ist. Du kannst zum Beispiel „durchschnittlichen Einkommensteuersatz berechnen“ in die Suchmaschine deines Vertrauens eingeben und bekommst mehrere Rechner, mit denen du das einfach ausrechnen lassen kannst.

Einverleibung

Unter Einverleibung werden verschiedene Arten von Eintragungen ins Grundbuch verstanden. Hierbei erfolgt die Übertragung eines Rechts uneingeschränkt und bedingungslos auf eine andere Person. Dies betrifft insbesondere Eigentumsrechte, Pfandrechte und Dienstbarkeit (Servitut). Ebenfalls wird die Löschung solcher Rechte als Einverleibung bezeichnet.

Eigentümerversammlung (ETV)

Die Eigentümerversammlung ist gesetzlich verpflichtend alle zwei Jahre abzuhalten und wird von der Hausverwaltung organisiert. In gut geführten Häusern sollte sie jedoch jährlich stattfinden. Bei der Ankaufsprüfung (Due Diligence) ist das Durchlesen der ETV-Protokolle unerlässlich. Diese Protokolle geben dir nämlich Auskunft darüber, welche Investitionen anstehen und welche Kosten auf die WEG zukommen könnten. Sind diese durch die Instandhaltungsrücklage gedeckt oder wird eine Sonderumlage oder ein Darlehen notwendig? Ich empfehle immer, die letzten drei ETV-Protokolle anzufordern und diese gründlich durchzulesen. Dies hat mich schon vor einigen Fehlkäufen bewahrt und manchmal auch auf besonders attraktive Deals hingewiesen.

Profi-Tipp

Falls ein außerbücherliches Darlehen für vergangene Investitionen besteht, kann das Hausgeld sehr hoch erscheinen. Eventuell ist das gesamte Hausgeld aktuell bei 300,00 € für eine 40 m^2 Wohnung, das wäre selbst inklusive Heizung und Wasser sehr hoch. Vielleicht sind davon 150,00 € Sanierungsdarlehen enthalten, das aber in sechs Monaten bereits ausläuft. Dann wäre die monatliche Vorschreibung plötzlich nur mehr 150,00 € inkl. Heizung und Warmwasser, was wiederum günstig bis normal wäre.

Eigentümerversammlung Protokoll (ETV-P)
Das Protokoll der Hausverwaltung sollte Datum, Uhrzeit, Anwesende, Beschlussfähigkeit, Tagesordnung sowie eine detaillierte Mitschrift der Gespräche und Beschlüsse enthalten.

Gesamtinvestitionskosten (GIK)
Die GIK umfassen alle Kosten beim Erwerb einer Immobilie, neben dem Kaufpreis auch Nebenkosten wie Maklergebühren, Notar, Grundbuchgebühren und eventuell anfallende

Sanierungskosten oder Möbel. Kurz: Alles, was notwendig ist, um die Immobilie vermieten zu können.

Grundbuch

Im Grundbuch findest du alle Eigentumsrechte und Verpflichtungen der Eigentümer und zum Beispiel auch das Pfandrecht von Banken. In Österreich ist das Grundbuch öffentlich, in Deutschland leider nur beschränkt einsehbar. Weitere Details findest du in Kapitel 14 *Der Kaufvertrag und das Grundbuch*.

Grundsteuer

Die Grundsteuer fällt jährlich an und wird in WEGs meist über die Betriebskosten auf die Eigentümer umgelegt. Sie betrifft den Grund und Boden.

Hausgeld bzw. Betriebskosten

Das Hausgeld (Betriebskosten) deckt die laufenden Verwaltungskosten des Hauses und ist für dich als Vermieter ein Durchlaufposten. Du kannst das Hausgeld auf den Mieter umlegen und im Rahmen der Mietvorschreibung an den Mieter verrechnen.

Die gängigste Variante ist die Vorschreibung und einmal im Jahr wird abgerechnet. Du erhältst eine Betriebskostenabrechnung von der Hausverwaltung, die einen Überschuss oder eine Nachzahlung ergibt. Sollte ein Überschuss bestehen, zahlst du diesen an den Mieter zurück; sollte eine Nachzahlung erforderlich sein, forderst du diese ebenso vom Mieter nach.

Eine andere Variante wäre, dass du deinem Mieter das Hausgeld pauschalierst, wobei du dann selbst für

Nachzahlungen aufkommst, dafür aber von Überschüssen profitierst. In der Praxis kommt fast ausschließlich, speziell bei Wohnungen, die Vorschreibung zum Einsatz.

Home Staging

Home Staging bedeutet, eine Immobilie vor dem Verkauf oder der Vermietung so aufzubereiten, dass sie für potenzielle Käufer oder Mieter besonders attraktiv wirkt. Dazu gehören das Einrichten mit Möbeln, dekorative Details und das Schaffen einer einladenden Atmosphäre. Virtual Staging ist eine digitale Variante, bei der Möbel und Dekorationen am Computer in die Fotos eingefügt werden. Das spart Kosten und macht es einfach, Räume individuell zu gestalten, ohne physisch Möbel bewegen zu müssen. Virtual Staging eignet sich insbesondere für unrenovierte Wohnungen. Beides hilft, Immobilien schneller und oft zu besseren Preisen zu verkaufen.

Indexmiete

Die Indexmiete ist eine der gängigsten Formen der Wertsicherung im Mietvertrag. Hierbei wird vereinbart, dass die Miete an einen bestimmten Index gekoppelt ist. Meistens ist das der Verbraucherpreisindex (VPI). In der Regel wird vereinbart, dass die Miete ab einem bestimmten Schwellenwert, zum Beispiel drei Prozent, angepasst werden kann. Steigt also der VPI um drei Prozent, kann die Miete um drei Prozent angepasst werden.

Indexierung

Indexierung bezeichnet den Prozess der Organisation von Informationen oder Daten, um deren Zugänglichkeit und Analyse zu optimieren. Die Verwendung gewichteter

Indizes optimiert die Datenorganisation für die Analyse, was zu einer Verbesserung der Leistung von Such- und Verarbeitungsanfragen führt. Innerhalb der Wirtschaft gewährleistet die Indexierung eine schnelle sowie präzise Analyse großer Datenmengen, was für das Treffen von fundierten Entscheidungen von signifikanter Bedeutung ist.

Instandhaltung
Instandhaltung beschreibt die durchgängige Wartung und Pflege von bereits vorhandenen Objekten, einschließlich kleiner Reparaturarbeiten, um den gegenwärtigen Zustand der Immobilie aufrechtzuerhalten. Der Eigentümer haftet alleine für diese Arbeiten.

Instandsetzung
Instandsetzung beschreibt Maßnahmen zur Erneuerung bzw. Erstinstallation eines beschädigten oder veralteten Objekts. Dazu zählen beispielsweise der Austausch eines defekten Heizkessels, des Dachstuhls oder auch die Sanierung von Sanitäranlagen. Grundsätzlich ist der Eigentümer oder Vermieter für die Instandsetzung verantwortlich. In Mietverhältnissen trägt der Vermieter für gewöhnlich die Kosten. Eine Ausnahme besteht, wenn der Mieter durch eigenes Verschulden Schäden herbeigeführt hat.

Jahresnettokaltmiete (JNKM)
Die Jahresnettokaltmiete ergibt sich aus der monatlichen Nettomiete multipliziert mit zwölf und gibt an, wie viel Nettomiete du pro Jahr einnimmst. Also:

$$\text{Nettomiete} \times 12 = \text{JNKM}$$

Kaltmiete (Nettomiete)
Die Kaltmiete oder auch Nettomiete stellt den Mietpreis ohne sämtliche Nebenkosten wie Hausgeld dar. Die Kaltmiete ist der Anteil der Mietzahlung, mit der du die Kreditrate bedienst.

Kataster
Ein Kataster liefert detaillierte Informationen über Land- und Immobilieneigentum. Es umfasst Daten wie Lage, Größe, Nutzung sowie Eigentumsverhältnisse der Grundstücke. Ein amtliches Verzeichnis aller Grundstücke innerhalb Deutschlands ist das Liegenschaftskataster.

Lagen: A-, B-, C- und D-Lagen
Immobilienwerte und Preise unterscheiden sich in ihrer Standortlage. Eine allgemeingültige Definition von Lagen gibt es nicht, aber in der Regel teilt man sie folgt ein:

Eine Immobilie in **A-Lage** befindet sich in großen Metropolen, beispielsweise in Berlin oder München. A-Lagen sind von internationaler Bedeutung, wodurch dort eine sehr große Immobiliennachfrage sowie sehr hohe Kauf- und Mietpreise herrschen.

B-Lagen befinden sich in Großstädten mit großer nationaler und regionaler Relevanz, zum Beispiel in Dortmund und Leipzig. Dort besteht eine große Nachfrage nach Immobilien und die Kauf-und Mietpreise sind sehr hoch.

Als **C-Lage** werden sogenannte beschauliche Städte, beispielsweise Kiel oder Wuppertal bezeichnet. In solchen Städten ist die nationale Relevanz eher begrenzt, während die regionale Bedeutsamkeit in der Regel beibehalten wird und sich in einer variierenden Immobiliennachfrage kennzeichnet. **D-Lagen** sind Städte, die nur für ihren direkten Umkreis eine Relevanz haben, wie Ulm oder Bayreuth. Hier findet man teilweise noch günstigere Angebote beim Haus- und Wohnungskauf.

Lastenfreistellung

Lastenfreistellung ist definiert als der Prozess, der ein Grundstück von bestehenden Belastungen, wie Grundschulden oder Hypotheken, befreit, um eine lastenfreie Übertragung an den Käufer zu ermöglichen. Ein Notar ist für die Löschung der Rechte Dritter im Grundbuch verantwortlich und stellt dadurch die uneingeschränkte Übernahme des Erwerbers der Immobilie sicher.

Leverage-Effekt (Hebeleffekt)

Der Hebeleffekt bezeichnet die Möglichkeit, mit einem verhältnismäßig geringen Eigenkapitalanteil eine größere Investition in Immobilien zu tätigen, indem Fremdkapital (zum Beispiel durch ein Bankdarlehen) genutzt wird. Dadurch kann die Eigenkapitalrendite im Vergleich zur Gesamtrendite des Objekts deutlich steigen.

Loan-to-Cost (LTC)

Der LTC kommt primär in der Projektentwicklung zum Einsatz, wenn eine Immobilie neu gebaut wird. Er beschreibt das Verhältnis des Darlehens zu den Baukosten. Ein LTC von 80 Prozent bedeutet, dass du 800.000 € finanzierst, während die Errichtungskosten 1.000.000 € betragen. Den restlichen Betrag musst du als Eigenkapital aufbringen.

Loan-to-Value (LTV)
Der LTV gibt das Verhältnis des aufgenommenen Immobiliendarlehens (Loan) zum Wert (Value) der Immobilie an. Ein LTV von 80 Prozent bedeutet beispielsweise, dass bei einem Darlehen von 80.000 € der Wert der Immobilie 100.000 € beträgt.

Ein höherer LTV-Wert zeigt an, dass der Käufer einen höheren Anteil des Immobilienwerts über ein Darlehen finanziert, was das Risiko für die Bank erhöht. Ein geringerer LTV bedeutet, dass der Käufer mehr Eigenkapital einbringt und damit weniger Risiko für einen Ausfall besteht.

In der Praxis ist ein LTV von 80 Prozent oder weniger oft der Schwellenwert, ab dem Banken günstigere Konditionen anbieten, da ein höherer LTV in der Regel mit höheren Risiken verbunden ist und dadurch der Risikoaufschlag beim Zins höher ausfällt. Im Umkehrschluss bedeutet ein höherer LTV – also umso weniger Eigenkapital eingesetzt wird – eine höhere Eigenkapitalrendite.

Mezzaninkapital
Mezzaninkapital ist Kapital, das als Eigenkapital verwendet werden kann. Mezzaninkapital ist meist teurer als die klassische Bankfinanzierung (fünf bis zehn Prozent Zinsen) und wird als Eigenmittelersatz verwendet, dass man die Bankfinanzierung für eine Projektentwicklung (Bauträgerprojekt) bekommt, wenn man selbst nur wenig Eigenkapital hat oder es nicht einsetzen möchte. Es gibt ganz spezielle Mezzanin-Kapitalgeber, die sich auf dieses Geschäft spezialisieren.

Mieterfluktuation
Mieterfluktuation beschreibt die Häufigkeit des Wechsels von Mieterhaushalten in eine andere Wohnung. Diese kann im Wohnungsbestand zu Wohnungsleerstand und bei gewerblich genutzten Mietshäusern zum Leerstand von Gewerberäumen führen.

Miteigentum
Miteigentum liegt vor, wenn das Eigentum an einer Sache mehreren Personen gemeinschaftlich zusteht. Jedem Miteigentümer steht ein sogenanntes ideelles Bruchteilseigentum zu, über das sie frei verfügen können.

Nutzwertgutachten (NWG) bzw. Teilungserklärung
Das Nutzwertgutachten, in Deutschland als Teilungserklärung bekannt, legt die Nutzwerte der einzelnen Wohnungseigentumsobjekte fest, wie Wohnungen, Geschäftsräume, Lagerflächen, Kellerabteile und Garagen. Diese Nutzwerte entsprechen nicht immer exakt den Quadratmetern der jeweiligen Räume, obwohl dies häufig als grobe Orientierung herangezogen wird. Für die Festlegung der Nutzwerte werden häufig Zuschläge und Abschläge berücksichtigt, die sich auch auf die Berechnung der Betriebskosten auswirken.

So kann beispielsweise eine Dachgeschosswohnung mit einem Zuschlag versehen werden, was zu höheren Betriebskosten führt. Im Gegensatz dazu erhält eine Erdgeschosswohnung einen Abschlag und man muss dementsprechend weniger zahlen. Weitere Zuschläge oder Abschläge können je nach Ausstattung und Merkmalen der Wohnung anfallen, etwa bei Vorräumen, Kellerabteilen, der Lage des WCs (im Gang oder in der Wohnung) oder der Existenz einer Freifläche wie Balkon, Terrasse oder Loggia.

Es gibt einen detaillierten Katalog an möglichen Zu- und Abschlägen, der all diese Faktoren berücksichtigt.

Objekt
In der Fachsprache werden Immobilien oft als „Objekt" bezeichnet, unabhängig davon, ob es sich um eine Wohnung oder ein Mehrfamilienhaus handelt.

Off-Market vs. On-Market
Off-Market bezeichnet Immobilienobjekte, die direkt vom Eigentümer oder Makler angeboten werden, ohne dass sie auf den gängigen Online-Plattformen zu finden sind. Dies führt zu einer geringeren Konkurrenz, erfordert jedoch oftmals schnelle Entscheidungen und eine hohe Schlagkraft. In einigen Fällen kann dies bedeuten, dass innerhalb weniger Tage oder sogar Stunden ein Deal abgeschlossen wird, insbesondere bei besonders attraktiven Angeboten.

On-Market umfasst alle Objekte, die öffentlich auf den üblichen Online-Plattformen gelistet sind, also über die gängigen Suchmaschinen und Immobilienportale auffindbar sind.

Randnotiz

Off-Market-Deals werden häufig als besonders vorteilhaft und nahezu immer überlegen gegenüber On-Market-Angeboten dargestellt. Aus eigener Erfahrung kann ich jedoch sagen: Diese Darstellung ist nicht immer zutreffend. Ein Off-Market-Deal ist keineswegs automatisch besser als ein On-Market-Deal. Mit modernen Meta-Suchmaschinen, wie ich sie nutze, kannst du gezielt nach

Kriterien suchen, die auf den üblichen Plattformen nicht verfügbar sind. Zudem hast du die Möglichkeit, mehrere Plattformen gleichzeitig zu durchsuchen, was deine Chancen erheblich verbessert. Wenn du mehr darüber erfahren möchtest, lade ich dich ein, einen Blick in meine *Immo Mentor Community* zu werfen und dir den Videokurs „Sucher suchen, Finder finden“ anzusehen.

Parifizieren

Der Begriff Parifizierung fungiert als Synonym für den Begriff Nutzwertberechnung. Unter Parifizierung wird ein Prozess verstanden, der bei der Schaffung von Wohneigentum von Relevanz ist, da er die Ermittlung der Nutzwerte einzelner Wohnungen sowie die Festlegung von Berechnungsschlüsseln ermöglicht.

Rendite (Brutto-Rendite)

Die Rendite einer Immobilie bezeichnet die Ertragskraft der Investition, also den Gewinn, den ein Investor erzielt. Es gibt verschiedene Arten von Renditen, die je nach Art der Immobilie und der Quelle des Ertrags berechnet werden können. Im Wesentlichen unterscheidet man zwischen Brutto-Rendite, Netto-Rendite und Eigenkapitalrendite. Umgangssprachlich meint man mit der Rendite die Brutto-Rendite.

Die Rendite ist natürlich eine der wichtigsten Kennzahlen, wenn auch nicht die wichtigste meiner Meinung nach. Warum? Die Lösung zu diesem Rätsel liest du unter dem Punkt „Eigenkapitalrendite“.

Profi-Tipp

Achte darauf, dass Verkäufer oder Makler die Rendite oft so darstellen, dass die Immobilie besonders profitabel wirkt. Wenn eine Rendite angegeben wird – beispielsweise bei einer bereits vermieteten Wohnung oder anhand von Vergleichswerten – fließen in diese Berechnung häufig nur der Kaufpreis und nicht die tatsächlichen Gesamtinvestitionskosten inklusive Makler und sonstigen Nebenkosten ein.

Du musst jedoch unbedingt auch die Nebenkosten in die Berechnung einbeziehen, um die Rendite korrekt zu ermitteln und zu vermeiden, dass das Investment durch eine unrealistische Darstellung „geschönt" wird.

Reparaturrücklage
Die Reparaturrücklage wird monatlich von der Hausverwaltung zusammen mit den Betriebskosten oder dem Hausgeld eingezogen und in die Rücklage der WEG eingezahlt. Diese Rücklage dient der Finanzierung von Reparaturen und Investitionen am Gebäude. Auf der Hausgeldabrechnung wird die Höhe der Reparaturrücklage ebenfalls ausgewiesen.

Rücklage
Die Rücklage ist ein Geldbetrag, der in der Wohnungseigentümergemeinschaft (WEG) als Reserve für Reparaturen am Gebäude bereitsteht. Sie dient ausschließlich der Instandhaltung der allgemeinen Teile des Gebäudes und nicht deiner individuellen Wohnung. Als Vermieter solltest

du zusätzlich eine eigene Rücklage für deine Wohnung bilden. Eine Faustregel besagt, dass du mindestens zehn Euro pro Quadratmeter und Jahr für Reparaturen und Instandhaltungen einplanen solltest.

Share-Deal

Bei einem Share-Deal handelt es sich um den Erwerb einer Gesellschaft durch den Kauf ihrer Anteile (Aktien oder Anteile an einer GmbH). Hierbei erlangt der Käufer die Kontrolle über die gesamte Gesellschaft. Da der Eigentümer der Anteile wechselt, bleiben bestehende Vermögenswerte, Verbindlichkeit und Verträge der Gesellschaft unverändert.

Solvenz

Solvenz bezeichnet die Zahlungsfähigkeit, das heißt die finanzielle Leistungsfähigkeit eines Unternehmens oder einer Person, um laufende Verpflichtungen im Geschäftsverkehr fristgerecht zu erfüllen. Sie beinhaltet Aspekte wie Bonität und Liquidität.

Staffelmiete

Bei der Staffelmiete wird im Mietvertrag ein fester Betrag vereinbart, um den die Miete jährlich steigt. Zum Beispiel kannst du vereinbaren, dass die Miete jedes Jahr um 25 € angehoben wird (bis der örtliche Mietspiegel erreicht ist).

Tilgung

Die Tilgung bezeichnet die Rückzahlung des ursprünglich aufgenommenen Kreditbetrags, unabhängig von den Zinsen. Mit der Tilgung baust du Monat für Monat Vermögen auf, da du durch die regelmäßige Rückzahlung den ausstehenden Kreditbetrag reduzierst. Die Summe aus

Tilgung und Zinsen wird als Kapitaldienst bezeichnet, also die monatliche Rate, die du an die Bank zahlst.

Träme

Träme, auch Holzbalkendecke, Tramdecke oder Trambalkendecke, beschreibt eine Bauweise eines Geschossendecks mit horizontalen Balken aus Holz.

Vertragserrichter

Als Vertragserrichter wird die Person bezeichnet, die einen Kaufvertrag rechtsverbindlich erstellt und dessen Inhalte formuliert. Diese Aufgabe wird in der Regel von Rechtsanwälten oder Notaren übernommen. Dabei agieren sie zudem als Treuhänder, um eine sichere Abwicklung der Kaufpreiszahlung zu gewährleisten.

Verpfändung

Als Verpfändung wird die Hinterlegung eines (beweglichen) Gegenstands, eines Rechts oder eines Anspruchs als Sicherungsgegenstands zur Gewährleistung von Ansprüchen eines Vertragsverhältnis bezeichnet. Im Falle einer Nichterfüllung der Vereinbarung durch den Vertragspartner, ist der Gläubiger dazu berechtigt, den hinterlegten Wert zur Sicherung der Gewährleistung zu verwerten.

Warmmiete

Das ist die Miete inklusive Nebenkosten, wie die Betriebskosten (Hausgeld) sowie Heizkosten. Weitere Kosten wie Strom und Internet sind hier in der Regel nicht inkludiert. Diese muss der Mieter selbst anmelden.

Wohnungseigentümergemeinschaft (WEG)

Ist ein Haus parifiziert bzw. geteilt, also sind die einzelnen Wohnungen durch ein Nutzwertgutachten (AT) bzw. Teilungserklärung (DE) geteilt, gibt es meist mehrere Eigentümer an den einzelnen Wohnungen. Dadurch entsteht eine Wohnungseigentümergemeinschaft, die in der Regel durch eine Hausverwaltung verwaltet wird.

Zinshaus

Wenn man von Zinshäusern spricht, meint man meist Mehrfamilienhäuser, bei denen die einzelnen Wohnungen nicht aufgeteilt sind. Es gibt also keine Teilungserklärung.

Easter Egg

Du fragst dich jetzt sicher, was dieses Buch mit Ostern, dem Osterhasen oder gar seinen begehrten Ostereiern zu tun hat? Vielleicht kennst du es aus Videospielen, dort gibt es oft versteckte Überraschungen – diese nennt man Easter Eggs. Hier hab ich nämlich eine super tolle und einmalige Überraschung für dich zusammengestellt: Der erste Der Immo Mentor-Videokurs für dich!

Videokurs:

Diesen Mini-Videokurs im Wert von 390 € gebe ich dir vollkommen kostenlos zum Buch dazu. In diesem Videokurs findest du in 13 Videos Themen wie:

- Meine größten Fehler beim Investieren
- Finanzieren ohne Eigenkapital: Geht das wirklich?
- Eigene Wohnung kaufen oder mieten?
- Die drei typischen Denkfehler bei Immobilienanfängern
- So findest du deine erste rentable Immobilie
- Was du beim Bankgespräch wirklich sagen musst
- Wie du in 30 Minuten dein Investoren-Zielbild definierst
- Cashflow vs. Wertsteigerung: Was passt zu dir?
- Immobilien in der Krise: Chance oder Risiko?
- Warum Immobilen dich nicht über Nacht reich machen – aber langfristig wohlhabend
- Bonus: „Was ich meinem früheren Ich sagen würde“

DER
IMMO MENTOR
TOM URBANEK

Notizen

Notizen

Notizen

Notizen

Notizen

Notizen

ForwardVerlag

manager magazin **Bestseller**

SPIEGEL **Bestseller**

Titel:	Steuern machen Spass!
Untertitel:	Vor allem die, die du nicht bezahlen musst!
Autor:	Johannes Lemminger alias Zacharias Zaster
ISBN:	978-3-98755-078-2

Komm mit auf eine faszinierende Reise durch das vielschichtige Universum der Steueroptimierung! Dieses Buch wird Dein Kompass durch den Dschungel der Steuergesetze und offenbart Dir, als Unternehmer und als Angestellter, praxisnahe und kreative Strategien, um Dein Vermögen intelligent und steuereffizient aufzubauen.

Als Unternehmer entdeckst Du Deinen persönlichen Steuer-Typen, navigierst mit der Ithaka Steuer-Strategie durch fiskalische Herausforderungen und lernst die vielseitigen Potenziale von Immobilieninvestitionen kennen. Als Angestellter erforschst du einerseits das Prinzip der Nettoentgeltoptimierung und andererseits, wie leicht du selbst Unternehmer werden kannst und ein gewaltiges steuerliches Potential freisetzen kannst.

Dieses Buch ist mehr als ein Leitfaden – es ist Dein Wegweiser zu finanzieller Weisheit und Freiheit. Bist Du bereit, eine neue Leichtigkeit in Deinem Leben zu entdecken?

ForwardVerlag